التعليم العالي في الوطن العربي(العراق و دول الخليج) والشرق الاوسط
الواقع وافاق تطويره

Higher Eduation in Arab World (Iraq & the Gulf) and Middle East Reality and prospects of its development

الدكتور كريم مجيد سلمان

Dr. Karim majid Salaman Al-Zubaidi

Published by New Generation Publishing in 2016

Copyright © الدكتور كريم مجيد سلمان
Dr. Karim majid Salaman Al-Zubaidi
2016

First Edition

The author asserts the moral right under the Copyright, Designs and Patents Act 1988 to be identified as the author of this work.

All Rights reserved. No part of this publication may be reproduced, stored in a retrieval system or transmitted, in any form or by any means without the prior consent of the author, nor be otherwise circulated in any form of binding or cover other than that which it is published and without a similar condition being imposed on the subsequent purchaser.

www.newgeneration-publishing.com

Contents

		Chapter
Introduction	المقدمه	
General Structure of Higher education	الهيكل العام للوزاره	1
Universities reality and Requirements	الجامعات الواقع و المتطلبات	2
Colleges, Scientific, Humanity	لكليات و الاقسام العلميه و الانسانيه	3
The bodies link to the higher education	الهيئات المرتبطه بالتعليم العالي	4
Organizations and student unions and their role	المنظمات و الاتحادات الطلاب و دورها	5
The curriculum in terms of reality And the requirements of development	المناهج الدراسيه من حيث الواقع و متطلبات التطور	6
Higher Education Require Academic Staff	الدراسات العليا و توفير الكادر المطلوب	7
How the Higher Education will be develop?	السبيل لتطوير التعليم العالي	8
The Higher Education In Britain	التعليم العالي في بريطانيا	9

10	الجامعات و الكليات الاهليه و نظمها التعليميه	Private Universities, Colleges and its education system
11	**التعليم الجامعي المسائي ما هو الهدف ورائه**	Evening university education what is the goal behind

المقدمه

Introduction

كان وما زال وسيبقى التعليم العالي والبحث العلمي رائدا للتطور البشري وتقدم العالم والبشريه ونقلهما من عالم البدائه الى عالم الحداثه، وفتح مسالك الحياه ودفعها الى الافق الراقي.

ولولا التعليم العالي والبحث العلمي لما وصلت البشريه الى هذه الدرجه من التقدم والرقي ولم تصل الى ما وصلت اليه الان ولم يكن بالمستطاع وصول الانسان الى كواكب بعيده جدا عن كوكبنا الارضي , ولم يكن بالمستطاع اكتشاف مجموعات شمسيه اخرى غير المجموعه الشمسيه التى نحن ندورحولها.

حيث تم ارسال مركبات فضائيه مأهوله بالبشر واخرى أليه لدراسه واكتشاف الكواكب الاخرى.

ومحاوله الاجابه عن ما اذا كانت هناك مخلوقات تشبه البشر أو قد لا تشبهه تعيش

على كواكب أخرى هناك كواكب تبعد عن كوكبنا ملايين ملايين الأميال والسنين الضوئيه.ويستغرق االوصول اليها أشهروأشهر قد تصل الى سنيين والهدف هودراستها. ويتم ذلك بأسخدام الانسان الالي عن طريق جمع عينات وتحليلها وهى على ظهر تلك الكواكب الغرض هو محاوله معرفه فيما أذا كانت هناك نوع من الحياه أو أذا كان هناك مياه.

وكانت ولاتزال محاولات فهم كيفيه خلق كوكب الارض وكيفيه خلق الكون إلأجزء من دراسات التعليم العالي والبحث العلمي.

وكان تكوين وصنع ذلك النفق الذي يبلغ طوله عده كيلومترات بين دولتين إلأ محاوله تنصب فى فهم الكون وكيف نشأ من خلال أكتشاف جزيئات دقيقه جدا أصغر بكثير من الالكترونات والنيوترونات تلك الجزئيات يعتقد أنها السبب فى تكوين الكون.

وأذا عدنا الى عده قرون مضت ونظرنا الى البناء المعرفي الذي تكون من تجمع المعرفه التي أن صح التشبيه فهي عباره عن أساس بني من طوبه طوبه كونت هذا الجدار العالي من المعرفه فأن أساسه هو التعليم العالي والبحث العلمي الذي لم يكن مفهوماً بالمعنى الذي نفهمه الان.تلك المعرفه المتراكمه وإن يكون القائمين عليها في ذلك الوقت لم يكونوا خريجي جامعات ودراسات عليا كما هوعليه الان إلا أنهم أصحاب طموح وأحياناً فضول لإيجاد أجوبه لظواهر طبيعيه حولهم. وكذلك تطويع ما حولهم لإرادتهم وخدمه للبشريه.

فمنذو أكتشاف وسائل الطباعه وقبلها الورق والكتابه كان الهدف هو تسهيل حياه الأنسان وخدمته وتوسيع أنتشارالمعرفه بين البشر.

ثم جاء اكتشاف القوة البخاريه وتوضيفها في مختلف جوانب الحياة في النقل و
المواصلا ت وفي معامل الأنسجه كلها لخدمه الأنسان وتطوره. ثم أكتشاف القوة الكهربائيه والموجات الصوتيه والضوئيه حتى وصل الأمرالى درجه من التطور
فتم أكتشاف الابعاد الضوئيه الثلاثيه هذا الاكتشاف الذي ساعد في دراسه كل شئ
يبلغ من العمرالأف السنين من المومياء المصريه الى الهياكل العظميه المكتشفه
حديثآ بشريه كانت أم حيوانات.
ثم في مرحله من القرن التاسع عشر تم أكتشاف التلغرام وتطور وتطورليصل الأمر بنا الى التلفون الخلوي وقبله الكومبيوترالذي هو نتاج التعليم العالي والبحث العلمي في القرن العشرين والذي مكن البشريه وقفز بها الى درجه راقيه من التقدم والتطور.
وكيف أن العقل البشري طورتنظيم الطرق وأنشأ السدود والجسور والمباني الشاهقه والأبراج العملاقه التي فيها كل وسا ئل الراحه, وعمل على صنع الأنفاق وتسير القطارات الفائقه السرعه, كل ذلك لخدمه البشريه
وستمضي عجله التقدم الى الامام بفضل أناس سخروا أنفسهم لخدمتها وأخذوا على عاتقهم مسأله الدراسه والبحث وسيله للوصول الى ذلك الهدف النبيل ألا هو تطور العالم عن طريق التعليم العالي والبحث العلمي
قد يستطيع ألأنسان في عصرنا اليوم أن يجمع ثروه طائله و هوغير حامل لشهاده جامعيه أو تعليم عالي ولكنه لا يستطيع إظافه أكتشاف جديد للمعرفه العالميه و البشريه قد يستطيع توضيف أمواله لذلك الهدف ولكن هذا يختلف عن أن ذلك ألأنسان هو الذي يقوم بأ ظافه شئ يصب في خدمه البشريه والعالم
فأذأ كان هدف الدول العربيه والشرق أوسطيه وطموحها الوصول الى مصاف الدول المتقدمه عالميآ عليها البدأ بالتعليم العالي والبحث العلمي و وضع الاسس الصحيحه لبناءه وتطوره لأن ذلك سوف يقودها الى تحقيق هدفها
حتى الدول الغنيه بأ قتصادياتها نتيجه مواردها الطبيعيه من النفط والغاز تبقى بأ شد الحاجه لتطوير تلك المصادر وأستغلالها بالشكل الذي يدرعليها فؤائد كبيره والذي يحقق لها ذلك الهدف هوالتعليم العالي والبحث العلمي
أملي أن تكون هذه المقدمه تسلط الضوء على أهميه موضوع الكتاب هذا لأن مهما قيل فأن التعليم العالي والبحث العلمي هو رائد كل شئ في هذا العالم الذي نعيش فيه وهوالضمان لأستمرار الحياة

الفصل الاول

Chapter One

الهيكل العام للوزاره

Genaral Structure of Higher Education

يعتبر الهيكل العام لوزاره التعليم العالي والبحث العلمي متشابه الى حد كبيرفي الدول العربيه رغم ان بعض الدول العربيه تفصل التعليم العالي عن البحث العلمي.

وزاره التعليم العالي في كل دوله عربيه يقودها وزير وهو الشخص المسؤول
الى حدآ ما عن أداره وزارته . هنا نحتاج الى وقفه فا الواقع يشير أن كل وزير مرتبط بشكل او بأخر با لنظام وهذا النظام يعبرعن وجه نظر الشخص القائد للبلد
أي رئيس الدوله أوالجهه السياسيه التى تسيطر علي الدوله .في الأنظمه العربيه
الدكتاتوريه رأينا أن وزيرالتعليم العالي غالبآ ما يفتقر الى الرؤيا العلميه لمتطلبات التطورالعلمي للوزاره فهو مهتم بتطبيق البرامج الحزبيه التي ينتمي اليها أومهتم
بتطبيق النهج السياسي والأيدلوجي للنظريه السياسيه التي ينتمى اليها.
في دول اخرى تتوارث الحكم نرى الوزير يعمد الى وضع مستشارين عده يقومون بتقديم النصح والأقتراحات لعمل الوزاره. وغالبآ ما يكون هؤلأء بعيدين عن مسيره
التعليم العالي وأفاق تطوره
الوزير يرتبط به عدد من المدراء العامين للوزاره ورؤساءالجامعات والهيئات التعليميه الوسطيه. المدراء العامين يتم إختيارهم ضمن معاير غالبآ ما تكون بعيده
عن النهج العلمي.ويكونون ذوي خبره متواظعه وأحيانآ كثيره عديمي الخبره بالتعليم العالي. وهولأء يعمدون الى تطبيق مفاهيمهم الخاصه. و قسم منهم يحاول تطبيق الثعليمات الوارده من الوزير.
هيكليه التعليم العالي تظم مديريات عامه متعدده مثلآ دائره خاصه بالقانون(الدائره القانونيه) ، دائره أو قسم أو مديريه بالتعليم المهني،وأخرى بالتعليم الجامعي،
وثالثه بالخدمات، وأخرى بالأقسام الداخليه، وخامسه بالنقل،وسادسه بالبعثات و الأيفادات والزمالأت الدراسيه.
أختيار المدير العام على أسس سياسيه مرتبطه بالنظام يشكل خطوره وقصور بالرؤى لأن هؤلأء غالبآ ما يفتقرون الى أسس مهمه تلعب دور في تطوير التعليم العالى وأفتقارهم لأسس التعليم العالي يعرقل في الواقع

التطور المنشود وهذا ما نراه اليوم في واقع التعليم لعالي في البلاد العربيه
وفي الغالب تمضي السنين والحاله على
على ماهي إلى ان يتم التغييروتتكررالمسأله وهكذا يأتي عقد من الزمان
ويمضي و يأتي عقد أخر والبلاد العربيه في نفس المكان والزمان.
إذا نضرنا الى كل مديريه عامه للتعليم العالي وفحصنا العاملين فيها نرى أن

من فيهم بعيدين كل البعد عن أفكارومتطلبات تطوير التعليم العالي. فهؤلأء في الغالب
منشغليين في امور الحياه الأخرى، وهذه بالطبع نتيجه طبيعيه لظروف البلد من الناحيه السياسيه والأقتصاديه والأجتماعيه.
فالعاملين غيرمستعدين ولاهم راغبين في تطويرحركه التعليم هم مهتمون في شؤون الحياه العامه ومنهم من هومهتم في الحصول على منصب أرفع،وأخر مهتم بمجالات أخرى قد تكون سياسيه أو أجتماعيه.
هذه الحاله عامه وهناك جهات بالوزاره تعمل على تطوير كوادرها و رفع مستواهم المهني ولكن المحاولات تبقى محدوده ودون جدوى أو فائده تذكر منذوما يزيد عن النصف قرن من الأستقلال السياسي لأغلب الدول العربيه نرى أن الحاله تراوح في مكانها. نعم لقد حصل زياده كبيره في عدد الخريجين الجامعيين
والمهنيين وخريجي دراسات الثانويه العامه ، لكن الزياده العدديه وحدها لا تكفي ، نحن نعلم أن عصب الحياه والتطوريكمن في خلق إنسان مبدع متطورمتفهم لظروف بلده وهذا لا نجده على نطاق كافي في عموم البلاد العربيه.
إذآ هناك خطأ في الأختيارللعاملين في مجال التعليم العالي. مطلوب إعاده النظر فيه
إلى جانب المدراء العامين نرى أن الوزير يرتبط به عدد من الوكلاء ، فمنهم وكيله للشؤون العلميه ،وأخرللشؤون الانسانيه والادبيه ، ووكيل أخر للاداره العامه ،
هؤلاء الوكلاء في الغالب مرتبطين أيظآ بالنظام السياسي للبلد وهم يطبقون النهج السياسي والأيديولجي للجهه التي ينتمون اليها ،وبالطبع يطبقون تعليمات وتوجيهات الوزير.هذا الشأن أيظآ فيه قصور، فالوكيل الغيرالمختص بالتعليم العالي وبعيد
عن مفاهيم التعليم العالي يكون عبئآ على الوزاره وعلى متطلبات تطوير التعليم العالي.
عمل معظم العاملين في المديريات العامه التابعه لوزارات التعليم العالي هوعمل روتيني يعتمد على تمشيه معاملات المراجعين وتسهيل امورهم وهذه في الغالب أعمال لاتحتاج الى شخص يحمل كفاءه أومهنيه عاليه. هذه الاعمال ممكن أن يقوم بها شخص ذو تعليم أولي قادرعلى الاستيعاب.

من الناحيه التطبيقيه والعمليه فأن العمل اليومي للوزيرفي الغالب يقتصر على الانشغال في المناسبات والمهرجانات ، فهو مرتبط بي أفتتاح معرض او مشاركه في أجتماع عام ، أوالمساهمه في حضور مناسبه وطنيه
أوالسفرخارج البلد لزياره دوله
يرسل كمبعوث.وفي أحيان المشاركه في ندوه تقيمها الوزاره أو
حضورمؤتمر خاص بالوزاره أو وزارات أخرى. كل هذه المشاركات تبعد الوزيرعن الدور المفروض أن يتبعه في تطوير وزارته. كما أن المقابلات المخصصه للقاء عموم المواطنين لحل مشاكلهم يأخذ وقت وجهد ، كذلك لقاء موظفين وزراته والعمل على التعرف على
أحتياجاتهم و معوقات عملهم كلها تأخذ من جهده ووقته الكثير الكثير، هذا النظام غير صحيح ، وهذا السلوك يتطلب التفكير فيه لأيجاد بديل عنه.
أين نحن في ظل هذه النشاطات والأهتمامات من التفرغ لتطوير التعليم العالي؟
لا يكون هناك أي تطور في مثل هذه الظروف من العمل
الواقع يشير إلى أن هناك فراغ وفجوه بين الوزاره والعاملين فيها و بين برامج تطويرالتعليم العالي.الواقع أيضاً يدل على أن مسيره التعليم العالي ألأن أذا ما قورنت بلنظم التعليميه في السابق أي في الدول العربيه حينما كانت تحت الأحتلأل ألأجنبي
نستطيع القول أنها في السابق كانت أفضل من ألأن. والسبب بسيط هوأن أصحاب ألأختصاص والكفؤين أفضل في السابق من ما هو موجود
ألأن.كذلك وهذا هوالأهم أن النظم التعليميه كانت أفضل وصحيحه وخاليه من القيود والتعليمات المقيده
للكادرالأكاديمي.كذلك أن الأكاديمين بعيدين عن تطبيق برامج حزبيه أو أيديولوجيات
هم الأفضل في عمل التطور المطلوب
كان هناك مؤشرات تبين أن الأمور تسير في الأتجاه الصحيح عكس ما حدث لاحقاً في ظل الأنظمه الدكتاتوريه والشموليه ، ولاحقاً ما سيحدث في ظل أستلام شخصيات بعيده عن مفاهيم التعليم العالي ،وقد ظهرت علامات تردي التعليم العالي في بعض الدول العربيه وكان ذلك واضحاً كما ثبتتها المنظمات الدوليه النزيهه المعنيه بالتعليم العالي.النقطه الجديره بالأشاره هنا هو أن الوزيرأوالمدير العام للهيئه أو الدائره يبقى في منصبه إلى أجل غير مسمى ، و كأن الأمر أصبح حاصل تحصيل أن يبقى في المنصب بالنسبه له ولا يتغير أو يتبدل إلأ أذا خرج عن طاعه الرئيس أو المسؤول الأعلى. فاليس هناك فتره زمنيه محدده ينبغي عليه أن يترك عمله بعد تلك الفتره،
وهذا مهم جداً.
وزاره التعليم العالي والبحث العلمي في معظم الدول العربيه والشرق أوسطيه مسؤوله عن تعيين الأساتذه في الجامعات والكليات والمعاهد التعليميه. أبتدأ من حمله شهاده الماجستير ثم الدكتوراه إلى من هم في المستوى العلمي بدرجه مدرس أواستاذ مساعدأو استاذ.الوزاره تطلب من

الجامعات تحديد حاجتها من الأساتذه والجامعات بدورها تطلب ما تحتاجه كلياتها ومعاهدها.ثم يتم التعيين بشكل مركزي من قبل الوزاره ، هنا نحتاج إلى وقفه مره أخرى ، حيث أن الوزاره في مركزيتها هذه زجت نفسها في موقع لا يحمد عقباه. فهذه المسؤوليه لها أبعادها كما لها أهميتها. حيث أن التعين له أبعاد علميه و تربويه. والوزاره يجب أن تكون بعيده عن مثل هذه المسؤوليه هنا تم التداخل بين الشؤون العلميه البحته و بين الأيديولوجيات التي يحملها الوزيرأووكيل الوزيرأوالمديرالعام ، وهذه التداخلات بحد ذاتها لها سلبيات

على تطويرالتعليم العالي والبحث العلمي. هناك حالات كثيره تعد بالمئات وألاف على مستوى البلاد العربيه والشرق الأوسط تم أستبعاد كفاءات علميه ولم يفسح لها

المجال لكي تساهم في التطورالمطلوب للتعليم العالي والبحث العلمي.

كما أن كفاءات علميه توظع في مكان بعيد عن مكانها الصحيح نتيجه للخطأ المقصود مره وغيرالمقصود مره أخرى في هيكليه التعليم العالي هذا رغم ذلك لابد من لأشاره

أن محاولأت تمت في بعض الدول العربيه لتجنب ذلك.

ولكن أصرار البعض من المعنين بالتعليم العالي والبحث العلمي على سيطره أيديولوجيات معينه أوفكرمعين هم يؤمنون به يعطيهم المبرر من دون حق لهذا السلوك في تعيين الكفاءات

وزاره التعليم العالي والبحث العلمي في معظم الدول العربيه والشرق أوسطيه مسؤوله عن إيفاد بعثات وزمالات وأجازات دراسيه في الخارج اظافه الى وزارات وجهات أخرى تقوم أيظآ بأرسال موظفيها للخارج لغرض الدراسه في الدول الغربيه

والى أمريكا ، كندا ،أستراليا ،الهند ،اليابان، وغيرها من دول العالم هذا النظام الهيكلي للتعليم العالي له سلبيات. صحيح ان الوزاره تطلب من جامعاتها و معاهدها التعليميه

تحديدالاختصاصات المطلوبه ، وعدد البعثات ، ولكن الاصح أيظآ أن تقوم جهات أخرى في الوزاره بتنفيذ هذه البرامج ،أنها مهمه الكليات أولآ وألأقسام العلميه وألأدبيه. مركزيه الوزاره في هذا الجانب له معوقات تصب في الأتجاه المعاكس ، ماهي الفائده من إرسال تلك البعثات والزمالأت؟ خاصة في مجال متطلبات ألأختصاص.المعروف أن ألأقسام في الكليات والمعاهد هي على علم بأحتياجاته وهي مؤهله لتحديد ألأختصاصات و تحديد كفائه المبعوثين ، وأذا حصل تغير في ألأختصاص الدراسي فلكليات وألأقسام هي تملك الرؤيا الصحيحه لذلك.

الواقع العملي والتجربه تؤشر إلى حالأت عديده بالمئات وبالألوف على مستوى البلاد العربيه فشلت نتيجه هذا التخبط وأثبتت عدم فائدته

وزاره التعليم العالي والبحث العلمي هي المسؤوله مره أخرى عن المناهج الدراسيه و مفردات كل أختصاص والوزاره تقرذلك عن طريق مؤتمرات أو

ندوات يشارك فيها أساتذه ذو أختصاص معين. في تلك المؤتمرات والندوات يتم إقرار المناهج لكل مرحله دراسيه في الجامعات سوائآ كانت كليات أو معاهد دراسيه. أن مثل هذه المؤتمرات و الندوات عاده تعقد مره كل خمس سنوات.

هذا النظام الهيكلي والمركزي للوزاره خطأ وله سلبيات وأنعكاس غير إيجابي على مجمل العمليه التعليميه للجامعات والمعاهد الدراسيه التابعه للتعليم العالي. المناهج الدراسيه تقر سنوياً من قبل ذوي ألأختصاص والمعنين بتقديم تلك المناهج ، المقصود بالمناهج هنا المواضيع أوالوحدات الدراسيه.

فالأستاذ المعني بأعطاء الدروس الخاصه بالوحده أوالموضوع هوالذي يحدد مفردات تلك الوحده أو الموضوع وهوهنا لا يتصرف بمعزل عن المنهاج العام لتلك الوحدات في جامعات أو كليات مشابه. ولكن الأيجابيه هنا هى سرعه التطور وملاحقه المستجدات العلميه والأستكشافات البحثيه.

ديناميكيه التطورهنا موجوده عكس سيطره ومركزيه الوزاره ، حيث تكون الفائده أبطئ حين يتم أقرار مفردات ومناهج تم نشرها قبل خمس سنوات أو ثلاثه

إضافه ماده تدريسيه على المنهج الدراسي لمرحله معينه كأن تكون سنه أولى جامعه أو سنه ثالثه له فوائد متعدده فهو يجعل الطالب مطلع على أحدث التطورات.

وتدفع بألأساتذه لتقيم المستوى الدراسي للطلبه ومدى الفائده أوعدمها من أي ماده دراسيه أو مفردات. فأذا كانت ماده معينه عديمه الفائده والجدوى يتم تغيرها في السنه القادمه ويتم أستحداث ماده أخرى بدلآعنها هذا هوالصحيح في حين هذا لايتم في النظام الهيكلي للتعليم العالي والبحث العلمي في الدول العربيه

نظام اختيار القيادات المسؤوله على مستوى الجامعات ورؤساء المعاهد التعليميه نزولاً إلى قيادات الكليات المختلفه نظام فيه تشويش وعدم كفائه عملت هذه الآختيارات على زج أشخاص بعيدين كل البعد عن المنهج العلمي وقادوا مؤسساتهم إلى الوراء

ومره اخرى هنا تظهر الولاأت السياسيه والأيديولجيات. فلا يتم اختيار رئيس جامعه أوعميد كليه أومعهد إلى وأن يكون من طرف تلك الجهه السياسيه أو تابع لهذا الشخص أو ذاك. بعيدين عن التكنوقراط كثيرآ. مثل هذه الأختيارات لا تكون صحيحه وغير مجديه لا بل في بعض الحالات عملت هذه الآختيارات على زج أشخاص بعيدين كل البعد عن المنهج العلمي وقادوا مؤسساتهم إلى الوراء مما أدى الى التخلف بدلاً من التقدم

والتطورفي التعليم العالي.والأمر الأسوء أن هؤلاء الذين تم وضعهم في مناصب حساسه مثل روؤساء جامعات أو كليات قاموا بتطهيرجامعاتهم وكلياتهم من كفاءات علميه مشهود لها دورها العلمي المميزلا لشئ سوى أعتقادهم أن تلك الكفاءات مضاده لهم و لفكرهم من دون دليل أو برهان

الأسس التي يفترض أعتمادها في اختيار رووساء الجامعات والكليات والمعاهد هي تشكيل هيئات مشهود لها بلكفاءه وهذه الهئات أوالجان سميها ما شئت ، تضع اسس للترشيح ويتم أعلانها ويتقدم اليها من يجد في نفسه الكفاءه والخبره والتجربه العمليه لشغل أي من تلك المناصب وتكون الفتره محدده.
يتم الأختيار فيها وأذا أثبت الشخص الذي تم أختياره كفاءه ومقدره على تقدم الجامعه أوالكليه المكلف بأدارتها فأما يرشح الفتره أخرى تكون نهائيه أو يتم ترشيح بديلاً عنه
الحاصل الأن في البلاد العربيه أن رووساء الجامعات وعمداء الكليات والمعاهد يبقون في مناصبهم لفترات غير محدده قد تمتد الى عشره سنوات وأحياناً كثيره أكثر من ذلك كأنما لايوجد بديل اولا توجد كفاءات أخرى تدير تلك المؤسسات والدوائر. هذا الطريق في اداره الجامعات والمؤسسات التعليميه خاطئ وله انعكاسات سلبيه عديده على مجمل التعليم العالي
ضمن الهيكل التنظيمي للتعليم العالي دائره أو مديريه للأحصاء العامه. هذه المديريه مهمتها معرفه أعداد العاملين في التعليم العالي والبحث العلمي من الأساتذه والأساتذه المساعدين والمدرسين والمدرسين المساعدين ،المعيدين ، والمساعدين الباحثين ، الفنيين ، والباحثين ، في كافه مجالات التعليم العالي والبحث العلمي.كذلك معرفه أعداد الموضفين ومستوياتهم العلميه.
تعتبر هذه المديريه العمود الفقري للوزاره ، فهي أيظاً معنيه بأقامه الدورات التعليميه للموظفين وخاصه في مجال الكمبيوتر ، وجمع المعلومات وتحليلها في كل الأختصاصات بشكل مفصل.
فالمديريه تطلب من الجامعات تزويدها بما تملك من عاملين فيها وأختصاصاتهم ويتم تحليل تلك البينات وفق معادله عدديه كأن يكون لكل ١٠٠٠ طالب ١٠ بدرجه أستاذ ومثله بدرجه أستاذ مساعد وهكذا.ومن خلال هذا التحليل يتم التوصل الى تقدير درجات التعليم العالي والبحث العلمي أي مدى رقي ومستوى التعليم العالي في أي بلد طبعاً هناك عوامل أظافيه متعدده تدخل في تلك المعادله التحليليه وليس فقط عدد الكادر التدريسي
مديريه مهمه اخرى ضمن هيكله التعليم العالي هي مديريه التخطيط والمتابعه ومهمتها تتمثل في تحديد أحتياجات الجامعات والكليات والمعاهد الى مختلف الأختصاصات بمعنى اخرهي التي تقترح على الجامعات والكليات فتح كليات أو اقسام علميه اوأدبيه تلك التي يحتاجها البلد.
في أحيان كثيره تكون عمليه فتح كليات أو فتح جامعه جديده واحده أو أكثر ياتي
بناءآ على قرار سياسي يتخذه مجلس وزراء البلد.
فمديريه التخطيط تعمل على فتح قنوات اتصال مع كافه وزارات الدوله.
فهي تفاتح وزاره النقل لمعرفه مدى حاجتها من المهندسين ومساعدي المهندسين والفنيين.

وتفاتح وزاره الصحه لمعرفه مدى حاجتها من الأطباء وعددهم وأطباء الأسنان والممرظين والممرظات ومساعدي المختبرات والتحليلا ت المرضيه والأعلام
وأيظاً تفاتح وزاره البلديات والخدمات العامه لمعرفه مدى حاجتها من مهندسين في التصريف الصحي وتبليط الطرق وموظفي الخدمات العامه ومستويات تعليمهم.
وتفاتح الثقافه والأعلام ووزاره العدل لمعرفه حاجتها من اعلاميين والعاملين في مجالات الأتصالات وكذلك معرفه عدد المحامين والقضاة ومساعديهم.كل هذه المعلومات يتم تحليلها وأعلام الجامعات والمؤسسات التعليميه المختلفه والأقتراح
عليهم بالتركيزعلى فتح الأقسام والكليات أذا لزم الأمروزياده أو خفض عدد من الخريجين في كل أختصاص لسد حاجه كافه وزارات الدوله والعمل على تحديد الأعداد المطلوبه أذا تم ذلك بالشكل الصحيح تتجنب تلك الدول البطاله من الخريجين
وتكون الدوله ضامنه لأيجاد عمل لكل خريج حسب حاجه البلد.
من المشاكل التي تواجه بلاد الدول العربيه والشرق ألأوسط هو وجود أعداد كثيره جداً من الخريجين الجامعيين وذوالمعاهد العليا عاطلين عن العمل وهو ما يسمى بجيش العاطلين.وهؤلاء يشكلون عبئاً كبيراً على المجتمع.
كافه الأنظمه الدكتاتوريه والأنظمه المهيمنه على السلطه لعشرات السنين في بلادها خلقت أعداد كبيره جداً من الشباب الخريجين العاطلين عن العمل.وهذا أدى الى أنخراطهم في تنظيمات فكريه مختلفه متطرفه أحياناً وخطره ولدت مشاكل للبلدان التي يعيشون فيها ، وفي أحيان كثيره سافرت أعداد كبيره جداً منهم بحثاً عن فرص عمل خارج بلادها وأيظاً سببت مشاكل للدول التي أحتظنتهم
التعليم العالي والبحث العلمي هو ببساطه
مفتاح لحل كثيراً من المعانات والمعوقات للبلاد العربيه لوكان في أيادي أمينه وحريصه على بلادهم وذو كفاءه تعمل على تطوير البلد بعيد عن الولأت الحزبيه
والأيديولوجيات.
فلتجعل الكفاءات العامله في التعليم العالي والبحث العلمي في بلاد الشرق الأوسط عملها بعيداً عن كل التيارات ولتتفرغ لتطوير بلدانها
ضمن المديريات المهمه في هيكليه التعليم العالي هي مديريه أو دائره تقييم الشهادات. في البلدان العربيه والشرق أوسطيه سنوياً يتم أرسال أعداد غفيره من طلبه الدراسات العليا الى كافه دول العالم في الشرق والغرب.في أمريكا وأسيا وأستراليا وهناك جامعات عديده منها الجامعات الرصينه وذات المستوى العلمي الراقي جداً. وهناك جامعات تبيع شهاداتها ولا تتمتع بالمستوى المطلوب.

فهذه المديريه هي المعنيه بتحديد الجيد وغيرالجيد من هذه المؤسسات التعليميه في كل انحاء العالم.فلابد أن يكون المسؤولين عنها ذو كفاءه وخبره وعلم في معظم الجامعات في العالم.ويجب أن يكونوا فاهمين لمعنى كل شهاده.عدد الكورسات,
طبيعه الدراسات العليا وطبيعه البحوث ، عدد السنين لكل شهاده ،
واموراخرى ذات علاقه بتقييم الشهادات.
من خلال التجربه شاهدنا أناس تحمل شهادات لاوجود لها.وأصحابها تنقصهم أبسط المفاهيم العلميه.ومردود هذا بدون شك خطر على البلد والمجتمع قبل أن يكون خطراً على التطور العلمي.
تحديد شهاده كل خريج وأعطاء كل ذو حق حقه وتعينه في المكان المناسب مهمه كبيره تقع على عاتق هذه المديريه والمسوولين والعاملين فيها ويجب تطويرهم على
الدوام وأطلاعهم على الجامعات الحديثه والعريقه والشهادات التي تمنحها من الامور التي تصروزاره التعليم العالي والبحث العلمي في معظم دول الشرق ألاوسط والدول العربيه عليها هي إصرارهاعلى السيطره على إيفاد أساتذه الجامعات والمعاهد العليا الى خارج بلدانهم للمشاركه في المؤتمرات الدوليه والندوات العلميه.هذا الأصرار من قبل المسؤولين في التعليم يعتمد على أعتقادهم أنه من أختصاصهم وضمن التشكيل التنظيمي والهيكلي للوزاره وهذا الاعتقاد خطأ.حيث أن هذا الدورالذي تقوم به الوزاره له مردودات سلبيه على تطوير ألأساتذه
ومساهماتهم في ألأنشطه العالميه.وتؤثر على متابعه التطورات العلميه وألأبحاث في كافه المجالات.مشاركه ألأساتذه أوالأستاذ المساعد أوالمدرس أوأي مستوى أخر ضمن التعليم العالي يجب أن تكون من أختصاص الجامعه المرتبط بها أي التي ينتمي اليها أو الكليه أوالمعهد.وليس هناك مبررلأخذ موافقه الوزاره على أي أيفاد علمي أو مهني.هذا العمل الروتيني له سلبيات فمن جهه أن الوزاره غير مؤهله للبت في كل ألأختصاصات للأيفاد فهي ليس لديها الشموليه الكافيه والأطلاع.فلا الوزير
ولا المديرالعام لهما خلفيه علميه بكل المؤتمرات أو الندوات في مختلف ألأختصاصات.خاصة أذا ماعرفنا خلفيه الوزير والمدير العام من حيث المستوى العلمي ومن حيث الخلفيه السياسيه وألأيديولوجيه التي يحملها عليه يجب أن يكون قرارألأيفاد الخاص بالأساتذه في التعليم العالي للمشاركه بالمؤتمرات العلميه والدورات والندوات خارج بلدانهم من أختصاص الكليه أو القسم
الذي ينتمي اليه التدريسي أو الفني أو المهني.القسم ومن خلال لجنه علميه متخصصه بامكانه البحث في أمرأي أيفاد وليس هناك مبررلأخذ موافقات أخرى تتعلق بالوزاره أوأي جهه أخرى ومن خلال التجربه العمليه والخبرة فأن العمل

الروتيني الخاص بأيفاد أساتذه التعليم العالي أضاع فرص كثيره للمشاركه في المؤتمرات الدوليه والندوات العلميه والفكريه
وهذه الفرص الضائعه أثرت على مساهمه تلك النخب.فمن خلال مشاركه أساتذه التعليم العالي والعاملين فيه يتم الأطلاع والمساهمه والمشاركه والتعرف على امور
عديده ذو فائده كبيره للشخص المشارك والجامعه والوزاره والبلد.بناء علاقات علميه مع مختلف دول العالم تمكن الأستاذ والباحث العلمي من تطوير بحوثه وربما العمل على مساهمات مشتركه بحثيه بين جهات علميه في جامعات أخرى حول العالم.
اليوم كثيرآ ما نرى أشتراك أكثر من باحث وأستاذ من جامعات مختلفه ومن دول مختلفه في بحوث مشتركه تساهم في التطور العلمي العالمي.لقد حصلت مرات عده بالعشرات لابل بالمئات حرمان أساتذه من المشاركه في المؤتمرات الدوليه بسبب
نظام التعليم العالي في بعض البلاد العربيه والشرق أوسطيه.حصلت وتحصل أن المؤتمرات والندوات الدوليه تعقد وتنتهي أعمالها والموافقات على الأيفاد لم تحصل وبالتالي تضيع فرصه المشاركه في تلك المؤتمرات أوالندوات أوالدورات

من مهام وواجبات وزاره التعليم العالي والبحث العلمي أن تترك المجال بحريه للأساتذه ومنتسبي الوزاره إلى أجراء بحوثهم وأنشطتهم والمساهمه فيها دون التدخل في شؤونهم ، فكل أستاذ وتدريسي ضمن التعليم العالي له مجال أختصاص ورغبه في تطوير بحثه بالشكل الذي يراه هو.واجب الوزارة والجامعه معآ أو بصوره منفرده أي منهما تسهيل تلك الرغبه أوعلى ألأقل عدم التدخل في بحثه وتقديم المساعدات الممكنه لنجاح ذلك البحث

تهتم وزارات التعليم العالي في دول الشرق الأوسط بعقد مؤتمرات وندوات متعدده خلال السنه الواحده وليس مفهوم ما هي فائده عقد تلك المؤتمرات فهي تكلف الدوله أموال كثيره وجهد ضائع ووقت ثمين ممكن صرفه في مجالات مفيده أخرى
المؤتمرات العلميه وغيرها تعقد لطرح بحوث ومناقشه وتطوير خطط عمل تقوم بها ألأقسام في الكليات والجامعات وليست الوزاره.فهذه المؤتمرات بالنسبه للوزاره هي مناسبه للترويج ومدح أشخاص ونظم سياسيه.وهذه الامور بحد ذاتها لا فائده منها للتطورالعلمي.فالوزير يدعو رؤوساء الجامعات والعمداء ورؤساء الأقسام للمشاركه في تلك المؤتمرات وعدد أخر كبير من ألأساتذه ومنتسبي الوزاره وهو بذلك قد أخر عملهم وسلب وقتهم.على الرغم من أن بعض المدعوين ربما يسعدهم المشاركه لأنهم أصلاً لا يتمتعون بالخلفيه العلميه التي تتناسب مع مناصبهم

من هيكليه وزاره التعليم العالي البالغه الأهميه قسم أو مديريه طبع ونشر الكتب العلميه وألأدبيه بكافه ألأختصاصات حيث من أهم واجبات الوزاره التي يجب
أن تضطلع بها على أكمل وجه.تشجيع تأليف الكتب والمساعده في نشرها وتوزيعها عامل مهم لتطوير التعليم العالي والبحث العلمي.وضع محفزات ودعم يساعد على أنتشارعمليه التأليف.والدعم يجب أن يكون مادي ومعنوي.كذلك تشجيع الترجمه
من كل الغات الى العربيه.عشرات بل مئات الكتب تؤلف وتطبع وتنشر كل يوم في مختلف أنحاء العالم المتقدم يجب ان تكون الدول العربيه والشرق اوسطيه مواكبه وتسير بنفس هذا النهج
الطبع ونشر الكتب بمختلف جوانبها ليس بالطريق السهل.لذلك أذا تبنت وزاره التعليم العالي هذا المجال مع ألأمكانيات التي تملكها تستطيع تشجيع وتوسيع حركه التأليف والنشروالتوزيع وهذا كله له جوانب فعاله على عمليه التطور للتعليم العالي المنشود.
ومن التشكيل البالغ ألأهميه ضمن هيكليه وزاره التعليم العالي والبحث العلمي دائره أو مديريه أو مؤسسه أو قسم للماليه.فقسم الماليه بالوزاره مسؤول عن توزيع ميزانيه الوزاره للجامعات والمؤسسات البحثيه.وهذا التوزيع يجب ان يقوم به أشخاص أكفاء ذو خبره ومهاره.كما يجب ان توضع موازين معينه للتوزيع يتم من خلالها تشجيع الجامعات على تطويرعملها العلمي والبحثي.كذلك المراكزالبحثيه المرتبطه بالوزاره.صحيح أن أغلب الدول العربيه والشرق أوسطيه لها مصادر ماليه جيده تستطيع الوزاره من خلالها دعم الجامعات والمراكز البحثيه مالياَ ولكن الصحيح أيضاَ أن تبحث تلك الجامعات والمؤسسات البحثيه على مصادر تمويل ذاتي كأن تطلب أجورمعينه أو نسبه جراء البحوث لأي جهه حكوميه أو خاصه تطلب أجراء بحث أو دراسه لتلك الجهه.وبهذه الطريقه ندفع عمليه التعليم العالي والبحث العلمي إلى التطور والتقدم
نظراَ لأتساع عمليه التعليم العالي والبحث العلمي أفقياَ من خلال فتح جامعات أهليه لأستيعاب الرغبه المتزايده للتعليم العالي من قبل الجمهور.فأن أيجاد دائره أو مديريه للأشراف على التعليم الجامعي الأهلي أصبح مسأله ملحه وذلك لتوحيدنهج التعليم العالي وفسح المجال للمنافسه بين
الجامعات.فالجامعات والكليات الأهليه بمواردها الماليه الخاصه وغيرالمعتمده مالياَ على الوزاره تستطيع أن تلعب دور في تطور التعليم العالي خاصة أذا ما عرفنا أن هناك جامعات أهليه ذات مستوى علمي راقي (مثل الجامعه ألأمريكيه وغيرها).وجود هذه المديريه للأرتباط يجعل عمليه التطورممكنه ولها مردودات أيجابيه على الجانبين.
من أخطر المسائل التي تقف عقبه في وجه تطور التعليم العالي هو
الفسادألأداري والمالي كثيراَ من الدول الغربيه وأمريكا تحاول تقديم دعم مالي وفتح دورات أو أستقبال أساتذه ومنتسبين من وزاره التعليم العالي لغرض

تطويرهم.وهذه الدول تدفع أموالآ في سبيل ذلك.ولكن من خلال التجربه والخبره أتضح لتلك الدول من خلال المنظمات الدوليه أن الفساد الأداري والمالي منتشر في بعض الدول العربيه والشرق أوسطيه.لذلك عمدت تلك الدول على قطع تلك المساعدات أو إيقافها وتقديم عوضآ عنها بدائل مثل أستقبال أساتذه ومنتسبين في دولها مجانآ وتدريبهم وتطوير مهاراتهم ومشاركه قسم من جامعاتها في بحوث علميه مشتركه.لذلك من المهم جدآ إيقاف والقضاءعلى ظاهره الفساد.وهذه مسؤوليه الدول العربيه والشرق أوسطيه لكي تضمن عمليه التطور لبلدانها وتقدم تلك الدول أذا رغبت في ذلك.فعمليه أستحداث قسم خاص لمكافحه الفساد في وزاره التعليم العلي والبحث العلمي تبقى مسأله في غايه ألأهميه على أن يديرها أشخاص مشهود لهم بالنزاهه والحكمه والمقدره على مواجهه الصعاب وأعطاء كل ذو حق حقه.

بالطبع وزاره التعليم العالي والبحث العلمي ليس ضمن تشكيلها الجامعات والكليات فقط بل هناك مراكز بحثيه عديده مرتبطه بالوزاره.كما يجب أستحداث مراكز أخرى أن لم تكن موجوده بالوزاره ، المراكزألأخرى قد تنشأ حسب حاجه البلد وتوفر الكادر.يجب أستحداث مراكزعلميه وبحثيه متنوعه ليست فقط علميه بل أيضآ مراكز للأثار والثقافه والفن وغيرها.كل مركز له أهداف معينه ومحدده أنشأ من أجلها ، عليه يجب أن تضع وزاره التعليم العالي والبحث العلمي كل الأمكانيات لدعم وإنجاح هذه المراكز طالما كان الغرض من أنشائها تطويرالبلد والمساهمه في تطوير التعليم العالي والبحث العلمي.فعلى سبيل المثال لاالحصر نذكر بعض من المراكز المهمه المطلوب أنشأها ، مثل مركز دراسه علم ألأجنه ، مركز دراسه علم الفيزياء ، مركز دراسه علم الذره ، مركز دراسه علم الفلك ، مركز دراسه الأمراض المنتشره في البلد ، مركز دراسه علم الحياة وغيرها

الفصل الثاني
Chapter Two
الجامعات الواقع و المتطلبات
Present Universities Status and its Requirement

واقع الجامعات في البلاد العربيه ودول الشرق الأوسط يشير الى تواضعها مقارنه بالمستوى العالمي والدليل على ذلك تسلسلها في سلم الرقي والمستوى العلمي والبحوث في النشرات العالميه السنويه والتي يتحدد فيها تسلسل كل جامعه فعلى سبيل المثال عام ٢٠١٢ ثلاثه من مجموع خمسه من أولى الجامعات في العالم هي الجامعات البريطانيه اوكسفورد وكيمبرج وستي لندن.

مع ذلك فليس مستوى التواضع للجامعات العربيه ودول الشرق أوسطيه عام للجميع.فهناك جامعات في البلاد العربيه ذات مستوى علمي متقدم وممتاز وتشهد لتلك الجامعات المنظمات والهيئات الدوليه.ولكن من الأفضل والطموح هو أن تصل جامعات البلاد العربيه إلى مستوى الجامعات الراقيه طالما أن هناك توفر في الأمكانيات الماديه والبشريه.

من الناحيه البشريه فأن الأساتذه العرب مشهود لهم بالمستوى العالي الجيد والرفيع على المستوى العالمي.نجد العلماء العرب يشغلون مناصب ممتازه في أرقى الجامعات في العالم وكذلك أرقى المراكز البحثيه.تجد أساتذه عرب في جامعات اكسفورد وكيمبرج وستي لندن في بريطانيا وجامعه هارفورد في الولايات المتحده الامريكيه كذلك في مختلف دول العالم في أستراليا وفرنسا والمانيا والسويد والنمسا واليابان وعدد كبير من الدول في العالم.ولكن هؤلاءألأساتذه العرب تراهم لا يرغبون في الالتحاق بالجامعات في بلدانهم العربيه سواء في بلدانهم أو دول عربيه أخرى.عدى العدد القليل منهم.وهناك أسباب لهذا العزوف منها أسباب سياسيه وأخرى تتعلق بحريه الفكروالمعتقد وسهوله الحياة في المجتمعات الغربيه وكذلك تعودهم على الحياة وعوائلهم بعد أن أمضوا فترات طويله من حياتهم خارج البلاد العربيه

ولو توفر واقع أفضل للجامعات مما هو عليه ألأن بدون شك سيعود عدد كبير منهم.الجامعات في البلاد العربيه والشرق الأوسط مبنيه على واقع خاطئ جداً وهو تبعيه الأستاذ والملاك التدريسي للهيئات الأداريه وقيادات

الجامعات.فرئيس الجامعه هو الكل في الكل وله اليد العليا في كل شئ وأذا أراد أيقاف أي أستاذ يستطيع ذلك بكل سهوله. ورئيس الجامعه في الغالب يبقى في منصبه سنوات عديده تصل في بعض الأحيان إلى عشره سنوات وأكثر.وهذا غير ممكن ألأستاذ

الجامعي له كيان مستقل وهو سيد الموقف ولا يجوز أن يتدخل في عمله أي مسؤول في الجامعه هذا السلوك الخاطئ يحتاج إلى معالجه تتم من خلال تغير نظره المسؤولين ورؤساء الجامعات والكليات. والغريب في الأمر أن قسم

وربما كل رؤساء الجامعات درسوا في الغرب وحصلوا على شهاداتهم العليا من الغرب ولكن سلوكهم لم يتغيرعند أستلام المناصب فالعوامل النفسيه والتربويه والبيئيه تبقى ملازمه لهم وتلك العوامل تلعب دور هام وهي التي تحدد تصرفاتهم ومسيرتهم.نحتاج هنا إلى قلب الموازين والأهتمام من ألأساس بعوامل التربيه والتصرف والخلق.رؤساء الجامعات وعمداء الكليات ورؤساء الأقسام في الدول العربيه يعتبرون أنفسهم القاده لتلك المؤسسات والدوائر وهذا لاضير فيه. ولكن أن تسيطر وتأمر وتسئ إلى أستاذ أو عضو هيئه تدريسيه جامعيه في جامعتك أو كليتك أو معهدك فهذا غير مقبول وله تبعات سلبيه على مجمل العمليه التعليميه في الجامعات وتطورها

المسؤول الجامعي هو المسؤول عن جامعة وعليه أن يدير امورها بالشكل الذي يراه إذا كان ذو إمكانيه لتلك الأداره.فهنا يجب أن يتم الأختيار للمسؤول الجامعي أختياراً صحيحاً بعيد عن

سيطره الدوله أو الحزب أو الحاكم ،طالما تدخلت هذه العوامل فأن النتيجه وصول أشخاص منتفعيين وغير كفؤين.

الدول العربيه تحتاج إلى تكنوقراط لهم أمكانيات وخبره وتجربه علميه طويله مؤهلين لقياده الجامعات العربيه والشرق أوسطيه.هؤلاء يستطيعون تفهم ألأساتذه ويعطون المجال للتطور

العلمي ويعطون المجال لحريه الفكر في البحث العلمي ولا يسمحون أن تكون الجامعات مسرح للصراع الأيديولوجي والحزبي والسياسي فلتكن الجامعات العربيه بعيده عن هذا السلوك.من واقع التجربه كان أحد عمداء الكليات يقول ليست مهمتي ألأهتمام بالعمليه التعليميه وتطويرها,إنما مهمتي هي المحافظه على ألأمن في الكليه فمهمتي أمنيه أكثر من أي شئ أخر,هذا هو نموذج لتفكيرعميد كليه في أحد دول البلاد العربيه !! .كذلك من دافع التجربه فأن رووساء الجامعات يتعرضون لضغط من قبل مسؤولين حزبين أو

حكوميين.وهذا سلوك خاطئ لايمكن القبول به وهذا التدخل مضر للتعليم الجامعي.فالمسؤول الحزبي أو العشائري أو القبلي أو قريب الوزير عندما يفرض على رئيس الجامعه أمورغيرصحيحه والأخر يطيع ويقبل بذلك فهذا معناه الخروج عن مسار التعليم الجامعي,ولا نتوقع في مثل هذا العمل الجامعي أي تطور.هذه الممارسات يجب أن تتغير ولا يمكن أصلاح البلاد العربيه وجامعاته التي هي أساس تطور المجتمع والبلد في وجود هذه الممارسات الخاطئه.من واقع التجربه العمليه في مجال التعليم الجامعي لفتره تزيد عن ثلاث عقود تكونت لدي كم هائل من الخبره والمهاره من خلال العمل في ثلاث جامعات مختلفه في داخل البلد وجامعتين في الدول الغربيه بريطانيا.وكان العمل في أثنين من الجامعات داخل البلد قريب جداً من مركز صنع القرار في الجامعه والكليه التي عملت فيها كوني رئيس قسم وعضو مجلس الكليه ومسؤليه أخرى كنت أقوم بها هي مدير قسم الشؤون العلميه والدراسات العليا وهو منصب أهلني أن أكون عضو مجلس جامعه

كان رئيس الجامعه منفذ فقط لما يطلب منه.والجهات التي تطلب منه عده منها وزاره التعليم العالي والبحث العلمي المرتبط هو والجامعه بها ،والطلبات تأتي خاصة من الوزير.وجهات عشائريه ،وجهات متنفذه تمثل حركات عده حزبيه وغير حزبيه ومهنيه وعسكريه وشرطه وما إلى ذلك.هذا هو واقع الجامعه تلك.فرئيس الجامعه لكي يحافظ على مركزه ويبقى في منصبه كان يجامل وينفذ ويطيع هذا وذاك حتى لو كان ما ينفذ بعيداً عن أسس ومفاهيم التعليم الجامعي.وبلفعل لقد نجح رئيس الجامعه في ذلك وبقي في منصبه لمده تزيد عن عشره سنوات.وكان منشغلاً طول الوقت في زيارات خارج البلد بأيفادات مختلفه في كل أنحاءالعالم وتلك المنطقه حتى أنه زار معظم الدول الغربيه وأمريكا بكل ولاياتها والدول الأسيويه والأفريقيه وبالطبع كافه الدول العربيه والشرق أوسطيه الأخرى.

مديريه العلاقات الثقافيه في الجامعه تلك مسؤوله عن ايفادات ألأساتذه وكان مسؤولها وحده هو الذي يسافر بالأيفاد هنا وهناك وفي بعض الحالات يتم إيفاد

عدد محدود جداً لقسم من الأساتذه خاصة عمداء الكليات وبعض رووساء الأقسام.

وهذا المسؤول للعلاقات الثقافيه كان في بعض الأحيان يسافر مع رئيس الجامعه.

وهو أي مسؤول العلاقات الثقافيه كان يتحكم في إيفاد أي أستاذ للمشاركه في مؤتمر دولي أو ندوه علميه أو أي برنامج علمي.فهو الذي يقرر ويعطي الضوء الأخضر للأيفاد أو يمنعه مستخدماً مختلف الحجج لمنع الأيفاد.وخلال اربع سنوات لم ألتقي بأستاذ تم إيفاده لحضور مؤتمر دولي للمشاركه في بحث وجميع ألأساتذه كانوا يعانون من ذلك.

هذا هو الواقع الجامعي وهو واقع سلبي ويعمل على التخلف وليس التطور والتقدم.بعض العمداء

كانوا يتمتعون بالأيفادات وهي في الغالب ليست علميه,وهؤلاء يتم إيفادهم حسب قربهم من

رئيس الجامعه والنفوذ الذي يتمتعون به داخل الجامعه. كذلك الذي علاقته جيده برئيس الجامعه يتم إيفاده وعدى ذلك لا يتم إيفاده كان في تلك الجامعه فساد إداري ومالي واضح

فالفساد الأداري مثال عليه

هو العلاقات الثقافيه ومديرها.أما الفساد المالي فقد اتضح أن مدير الحسابات في الجامعه أختلس مبلغ من المال وتم الكشف عن الامر والقي القبض عليه ولكن تمكن من الهرب خارج البلد ومعه مبالغ ماليه كبيره جداً.الصراع بين رئيس الجامعه وبعض عمداء الكليات واضح.وهو صراع غايته الحصول على المنصب الأداري لرئيس الجامعه.

ونتيجه هذا الصراع تنعكس على الكليه والأقسام العلميه فهي تعاني من بعض حالات الأهمال وتأخير المتطلبات وعرقله الأصلاح والتطور

كانت الجامعه تفتقر إلى أي مركز بحثي علمي لأغراض الدراسه والبحث.جهود ألأساتذه فرديه في البحث وتلاقي صعوبات عديده.في أحد البحوث الطبيه كانت مساعده الباحث وهي الفنيه المكلفه بالبحث تحت اشراف دكتور تعاني من صعوبه العمل وأبسطها ان الموجودين في المكان الذي كانت تجري البحث فيه يتذمرون من صوت جهاز الطرد المركزي الذي كانت تستعمله لغرض البحث وهذا دفعها للتفكير في ترك العمل في البحث.كما أن أفتقار المختبرات في الكليه للمواد البحثيه وصعوبه الحصول عليها يشكل معوق أخرلأجراء أي بحث علمي.أما الأجهزه العلميه الخاصه بالبحوث فكانت محتكره عند قسم من الأساتذه ولا يسمحون لأي باحث بأستعمالها.هكذا هو واقع الجامعات في البلاد العربيه والشرق الأوسط وهو واقع متشابه لحد كبير في معظم تلك الدول.بعض من الأساتذه يبذلون محاولات لبناء علاقات مع أولئك الذين يسيطرون على الأجهزه العلميه الخاصه بالبحوث وكان هدف تلك المحاولات هو القيام بأجراء بحوث لتطويرأنفسهم والكليه والجامعه التي يعملون فيها ولكن أغلب تلك المحاولات كانت تفشل لسبب أو لأخر.تقديم شكوى إلى الجهات الأداريه العليا كان يفشل ويعقد الأمور أكثر ،وعليه يبقى الأمر على ما هو دون تقدم أو تطور.
الأستقرار في المكان أو في المدينه التي تقع فيها الجامعه مهم جداً للأستاذ الجامعي ،وعضو الهيئه التدريسيه الجامعيه ،كذلك للفنيين ،والمعيدين وغيرهم.وهذا الأستقرار أساس التفرغ للعمل الجامعي سواء تدريس أو بحث أو أشراف لدراسات عليا.الأستقرار هذا غير موجود لتلك الجامعه ولسنوات عده كانت تفتقر إلى النسبه المطلوبه من البحوث والدراسات العلميه
الدوام الرسمي للأستاذ الجامعي يمضي بالشكل التالي.أذا لم يكن للأستاذ محاضره عليه ألقائها فأنه يجلس مع زملاء أخرين غير مرتبطين بمحاضرات أو نشاط ويتم حديث عام تمضي فيه ساعات لحين وقت المحاضره أو الدرس الأخر وأذا لم يكن شئ من هذا فيستمر الحديث العام
والوقت يضيع في هذه الأمور لحين أنتهاء الدوام وكل يذهب إلى بيته.بعض الأوقات قد يتخللها قرأءه علميه أو أدبيه ولكن التفرغ للأشراف على دراسات عليا أو التفرغ للبحوث أو لعمل مفيد يختلف من جامعه لأخرى ومن كليه او معهد او مركز بحثي وأيضاً من استاذ لأخر
فيما يخص أجراء البحوث تمت الأشاره سابقاً إلى الصعوبات التي تعترضها.كما أن أجراء البحوث سواء علميه أو أدبيه أو أي تخصص أخر تحتاج إلى مصادر لكتب ومجلات متخصصه
والمكتبات التي توفر ذلك غير موجوده في بعض الكليات وفي كليات أخرى فهي تفتقر إلى المصادر الحديثه وهي فقيره إلى حد كبير بالكتب والمراجع مما يجعل عمليه أجراء البحوث
وأكمالها أكثر صعوبه

أما فيما يخص الدراسات العليا فعلى الرغم أن من أهم مهمات الجامعه فتح وتشجيع الأشراف على الدراسات العليا إلأ أن تلك الجامعه كانت تعاني من هذا الجانب فلا يتجاوز عدد الدارسين
للماجستير والدكتوراه أصابع اليد الواحده في بعض كليات الجامعه وفي كليات اخرى لاتوجد دراسه للماجستير أو الدكتوراه على الأطلاق مثل كليه الطب والهندسه والعلوم بمختلف أقسامها.
حيث أن الأساتذه في الجامعه عندما يسألون عن إمكانيه فتح دراسات عليا يكون جوابهم بعدم وجود أي إمكانيه لدراسات الماجستير
والدكتوراه.والجامعه مطلوب ضمن أستراتيجيتها العلميه هو الحث وتقديم كل اشكال الدعم لمثل هذه الخطوه إلأ أنها أي الجامعه لا تحرك ساكناً نحو فتح دراسات عليا للماجستير والدكتوراه.كل جامعه لها مكتبه علميه تحتوي على كم هائل من مختلف
المصادر في كل الأختصاصات أظافه إلى أحتوائها على المجلات المختلفه التي يفترض أن تصلها من مختلف دول العالم إلأ أن الجامعه التي كنت أعمل فيها لا تحتوي على أي مكتبه
كذلك لا توجد مكتبه علميه في الكليه الطبيه.هذا هو الواقع السلبي للجامعات ورئيس الجامعه والهيكل الأداري الأول في الجامعه مهتم بأمور أخرى ولا يعطي الوقت أو التفكير أو العمل
لسد هذا النقص الذي هو من أساسيات الجامعه.هذا الواقع في عقد الثمانيات من القرن الماضي العشرين
رغم وجود هذه السلبيات إلأ أن مستوى التدريس في تلك الجامعه ومستوى الطلبه كان فوق الجيد ويصل الى الجيد جداً فالطلبه مهتمين غالباً بالتحصيل العلمي رغم وجود حالات سلبيه،قسم من الطلبه يعمد إلى أتباع أساليب غير صحيحه للحصول على النجاح أما بأستخدام العلاقات العشائريه أوالقبليه أو الحزبيه لتحقيق ذلك في الوقت أن مثل هذه الأساليب غير موجوده في دول العالم الغربي والعالم المتقدم.الأساتذه في الجامعه يبذلون قصارى جهودهم لأتمام العمليه التدريسيه على أكمل وجه ،رغم الضروف الصعبه التي كانوا يمرون بها ،ضروف معاشيه
وضروف أمنيه متعبه ومقلقه.لذلك كان عدد كبير من الأساتذه يحاول التخلص من تلك الضروف
عن طريق مغادره الجامعه والأنتقال إلى جامعه اخرى وقسم من الأساتذه كان يفكر بمغادره البلد للخارج وفعلاً غادر قسم كبير منهم أعرف
معظمهم.العلاقات الأجتماعيه بين أساتذه الجامعه جيده
إلى حد ما.تتخللها زيارات عائليه متبادله بين بعضهم البعض ضمن أساتذه الكليه الواحده أو بين أساتذه من كليات مختلفه.أنا شخصياً كانت لي علاقات جيده مع الأساتذه العاملين معي في نفس
الكليه كما كانت لي علاقات جيده مع ثلاثه من عمداء الكليات في الجامعه أظافه إلى علاقات مجامله جيده مع رئيس الجامعه وبعض من مساعديه

هذه العلاقات بالطبع تفسح المجال للأستاذ للتعرف عن قرب عن واقع الجامعه وكلياتها وأقسامها المختلفه.فهي ليست علاقات رسميه بحته ولكن علاقات يتخللها بعض التحفض ،لكن لابد من الأشاره إلى أن معظم تلك اللقاءات كان هناك تجنب للتطرق إلى المسائل السياسيه والأيديولوجيه والدينيه البحته ،من مبدأ كل شخص حر فيما يعتقد وكل شخص يحتفظ لنفسه بما يؤمن أو لايؤمن.هذا الجو إيجابي ومفيد للجامعه حيث يمكن من خلاله مناقشه سبل تطوير التعليم العالي

وتطوير الجامعه.وهذه العلاقات الأجتماعيه نوصي بها في دول الشرق الأوسط والبلاد العربيه لما فيها من فائده في سبيل التطور.الذي يعكر تلك العلاقات تدخل الدوله والمؤسسات الحكوميه في عمل التعليم العالي وتطور الجامعات.لهذا يجب أن تبتعد الدوله ومؤسساتها عن منظومه التعليم العالي والجامعات في البلاد العربيه والشرق أوسطيه.فلتترك وزارات التعليم العالي الجامعات تعمل وتدار من قبل اساتذتها والعاملين فيها أذا ما أريد لها التطور.مشكله التعليم العالي في البلاد العربيه ودول الشرق الأوسط ان الأنظمه السياسيه والأحزاب المسيطره على السلطه في تلك البلاد تعمل على اجبار الجامعات على نشر أيديولوجياتها وأفكارها الحزبيه ،وتشغل المنتسبين فيها على الدوام بذلك من خلال ندوات وزيارات ميدانيه أو أستدعات للأساتذه غرضها نشر وتطبيق وجهه نظرهم وأفكارهم.ولا يبقى للأستاذ والباحث إلاّ وقت محدود للتفرغ لعمله وتطوير التعليم العالي والجامعه.الذي يحصل أيظاً وهذا هو الواقع ان بعض الأساتذه يعمل ضمن امكانياته لكي يحاول ان يطور نفسه ويتدرج في السلم العلمي لغرض الحصول على منافع ماديه ومنصب إدري

في ذات الوقت الذي ندعو له هو التفرغ الكامل للأستاذ والباحث العامل في التعليم العالي والجامعات في الدول العربيه والشرق أوسطيه لغرض تطوير عمليه التعليم ومواكبه التطور

العالمي والحاق به.يجب أن نقر ونعترف ان هناك فجوه زمنيه بين البلاد العربيه والشرق أوسطيه وبين دول العالم الغربي والمتقدم شرقاً وغرباً.ان حصول حامل الشهاده العليا

سوءاً ماجستير أو دكتوراه على عمل في وزاره التعليم العالي والجامعات العربيه يحتاج إلى موافقات متعدده,موافقات من جهات أمنيه وأستخباراتيه وتزكيه من جهات حزبيه ،وهذه الأمور في غايه الغرابه.فهل الحصول على عمل في تلك المؤسسات يتطلب ذلك؟ أم الأمكانيات العلميه للشخص وحدها هي المعيار!واقع الجامعات في البلاد العربيه ودول الشرق الأوسط يشير إلى أن أغلبها واقع تحت تأثير الأنظمه الحاكمه.فتلك الأنظمه هي التي تحرك الجامعات في الأتجاه الذي تريده.فترى على مدار السنه تخرج عشرات المظاهرات والأحتجاجات على سياسه بعض الدول الغربيه أو نتيجه مواقف تختلف مع تلك الدول العربيه وغرض تلك المظاهرات هو أن تريد تلك الأنظمه أشعار المجتمع الدولي بوجود تأييد شعبي لسياستها.وتسير

المظاهرات وألأحتجاجات بهذا الشكل وهذا كله له مردودات سلبيه على مجمل العمليه التعليميه في الجامعات.فهو يعطل الدراسه ويربك الجو الجامعي وتصبح هناك صراعات بين تيارات مختلفه داخل الوسط الجامعي.في الوقت الذي يجب أن يكون الوسط الجامعي بعيد عن تلك الصراعات.أذا كان هناك شخص أو مجموعه لها مواقف معينه فعليها طرحها من خلال التنظيمات السياسيه والحزبيه والحركيه.وبالطبع هذا الجو غير موجود في كل الدول العربيه والشرق أوسطيه

الكل يشهد أن الجامعات لها دور مهم في تطوير المجتمعات خاصه الشرائح المثقفه والمتعلمه في المجتمع كلها تشهد بذلك وواقع الحال يدل إلى ذلك.فعندما تفتح جامعه في مدينه معينه ينعكس

ذلك على حياة وثقافه الناس في تلك المدينه.وفي معظم الأحيان يكون الأنعكاس أيجابياً ومتطوراً. فأظافه الى توفير فرص عمل جيده في تلك المدينه فأن حركه النشاط التجاري تزداد والعمران يزداد أيضاً ولكن هذا الأنفتاح والتطور المجتمعي غالباً ما يواجه معارضه من السكان المحافظين,نشاهدها في دول الشرق الأوسط وكذلك نراها في الدول الغربيه أحياناً.

عموماً أنشاء جامعه في مدينه معينه أو مقاطعه يحتاج إلى دراسه وتوفير ظروف مناسبه.فمن المفيد جداً أن يكون هناك مجمع تعليمي واحد للجامعه بكل الكليات والأقسام العلميه والأدبيه وكذلك الشؤون الأداريه للجامعه,هذا له فوائد علميه متعدده.ما نراه في معظم دول الشرق الأوسط هو تبعثر كليات وأقسام الجامعه في مناطق مختلفه وأحياناً تكون متباعده.

ولاشك أن ذلك يعود إلى سوء التخطيط من قبل دول المنطقه.فتلك الدول عادتاً ما تكون منشغله أو هي تعمد إلى أشغال نفسها في مشاكل خارجيه سياسيه بعيده عن الواقع الهدف من ورائها بقاء السلطه بيد مجموعه عدديه صغيره والغالبيه العظمى من شعوبها تكون مهمله أو مهمشه.

المسؤلين في تلك الدول يتصورون أن مجرد زياده عدد الخريجين من الجامعات دلاله على تطور المجتمع والتعليم العالي وتقدم الدوله.ناسين أن ذلك ولد عدد كبير من الخريجين العاطلين عن العمل. خريجين شباب لايجدون فرص عمل وبلغوا من العمر فوق الثلاثين.وهذا كانت له انعكاسات خطيره على مجتمعات تلك الدول ،وهذا ما ساعد على ثورتها ضد تلك الأنظمه والدكتاتوريات الحاكمه تلك الأنظمه التي ظلت في الحكم ثلاثين وأربعين عاماً

يجب أن تنشأ مجمعات جامعيه متكامله تتوفر فيها كل الأمكانيات.وهذا الأمر ممكن وليس بالمستحيل لأن معظم الدول الشرق أوسطيه لها أمكانيات ماديه وبشريه تساعدها على ذلك

كان قرار أنشاء أربع جامعات في وقت واحد في احدى الدول العربيه قراراً مفاجئاً حيث لم تتم دراسته بالشكل الصحيح كذلك لم يتم تحظير المستلزمات الضروريه له بصوره جيده

مستلزمات مثل الأبنيه وقاعات الدراسه ،والمختبرات العمليه مثل هكذا المشروع يحتاج الى أستعدادات كبيره.
تم تنصيب رؤوساء جامعات قليلي الخبره ولم يكن للجامعات كادر تدريسي جامعي ولم تكن هناك بنايات للكليات والأقسام المقرر أفتتاحها.فعمدت الجامعات الجديده على الأستيلاء على مدارس
ثانويه وبنايات لدوائر مختلفه عائده للدوله وتحويلها أو أستغلالها ككليات أو أقسام دراسيه وهي لا تحتوي على أي متطلبات جامعيه صحيحه.كانت معانات كبيره للكادر التعليمي المكلف ،وكذلك معانات أكبر للطلبه الدارسين في تلك الجامعات
لقد تم تعين أحد رووساء تلك الجامعات المنشأ حديثآ على أساس أنه من أبناء تلك المدينه التي تم فيها فتح الجامعه.كما أن له درجه قرابه قويه بأحد
المسؤلين الحكوميين في الدوله ولكنه كان يفتقر إلى الخبره والكفاءه كما أنه لم يكن قد حصل على درجه الأستاذيه بعد.
وقد حاول تجميع الأساتذه من هنا وهناك حسب المتوفر بمعنى الذين يتخرجون حديثآ ويحصلون على درجه الماجستير أو الدكتوراه حديثآ.وكان رئيس الجامعه يعمد إلى أعطائهم مراكز اداريه
مهمه بالجامعه.وكان مجلس تلك الجامعه محدود العدد وصغير نسبيآ.وأثناء انعقاد المجلس كان رئيس الجامعه غالبآ ما كان يخرج على سياق جدول الأعمال ويذهب إلى مناقشه مسائل فرعيه ليست ذات أهميه كما كان يتصرف أحيانآ أثناء أنعقاد مجلس الجامعه تصرفات تدل على نقص
الخبره وفقدان الشخصيه القياديه والمهاره ،فغالبآ ما كان يخرج من مجلس الجامعه للقاء موظف
بالجامعه جاء لطلب معين ويبقى المجلس في حيره من الأمر وهو منعقد هذه السلوكيات من رئيس الجامعه نراها تتكرر في أكثر من دوله من دول الشرق الأوسط.
في بلد أخر تم بقرار مفاجئ أنشاء سبع جامعات أهليه دون وجود كادر مؤهل لتلك الجامعات.
وكان الدافع وراء ذلك القرار هو أستيعاب طلبه جاءو من دول اخرى خليجيه فالدافع هو مادي لغرض الحصول على أرباح ماليه ضخمه.هذا نموذج أخر ،رغم أننا نرى مثل هكذا نماذج في دول متقدمه مثل أميركا حيث فيها عدد من الجامعات دون المستوى المطلوب وهي تتبع اسلوب
تجاري للجامعه.من دون شك مثل هذه الجامعات ليس لها تأثير كبير في أميركا مثلآ ،ولكن تأثيرها في بلاد الدول العربيه والشرق الأوسط كبير ومؤثر جدآ ،حيث أن هذه الدول في دور الأنشاء وتثبيت أقدامها في حين ان أمريكا لها خبره طويله والجامعات تم أنشاءها منذ مئات السنين وليست حديثه كما في دول الشرق الأوسط حيث لايزيد عمرها عن خمسين إلى ثمانين عامآ.
عمداء احدى تلك الكليات في الجامعات المنشأه حديثآ تنقصهم الخبره والمؤهلات العلميه,أحدهم كان مدير عام أو مسؤولآ في أحدى الدوائر الأمنيه

التابعه للدوله ،فكيف نتوقع تطويراً للكليه التي يديرها.فكان يعاني هو والمنتسبين التابعين له.والحال كذلك بالنسبه لبقيه عمداء الكليات التابعه لتلك الجامعه.حيث نقص الكادر التدريسي ،وأذا توفر الكادر فهم من الخريجين الجدد الذين ليست لديهم خبره في مجال التدريس الجامعي.مع كل هذه السلبيات كانت هناك جهود مخلصه تبذل من قبل أعضاء الهيئه التدريسيه والمسؤولين في الجامعه في سبيل أنجاح العمليه التعليميه في الجامعه. فلخلل هو قله الأمكانيات العلميه والأداريه أو أنعدامها أحياناً.

الخلل هنا في قرارات أنشاء تلك الجامعات دون توفر الأمكانيات وتهيئه الضروف المناسبه لنجاح العمل الجامعي العمل كان متواصل ليل نهار لتوفير أحتياجات الكليات قبل أستقبال الطلبه فأحدى الكليات تم أعطاء مقاوله أنشائها لشركات خلال سنتين

أي تلك الكليه لم تكن منشأه أصلاً

وتم الأنشاء وتم العمل على توفير كل الأحتياجات من مختبرات ومستلزماتها كافه وقاعات دراسيه ومصادر علميه ومكتبه وما إلى ذلك.وكان الأتجاه يقوم على تطبيق نظام تعليمي

جامعي مختلف عن الطريق التقليدي بمعنى لا يعتمد على أعطاء محاضرات لطلبه وبعدها يتم أختبارهم عن طريق امتحانات وأنما التعليم الجامعي في تلك الكليه يعتمد على التعليم الذاتي للطلبه اي الطالب يكلف بمشكله أو موضوع معين وهو أي الطالب يذهب للبحث عن الأجابه أو الحل بأستعمال المكتبه والكتب الخارجيه ومساعده أستاذ يقود مجموعه محدده العدد.هذا الأسلوب لم يكن معتاد وكان لزاماً أدخال التدريسيين بدورات تعليميه لهذا الأسلوب وكان لزاماً أخذ موافقات وزاره التعليم العالي، كذلك مسانده منظمه الصحه العالميه لأن الكليه المقرر أفتتاحها هي كليه الطب

نتيجه نقص الكادر كان الأستعانه بأساتذه من خارج الوطن العربي ضروري أحياناً، كذلك من بعض دول لوطن العربي لذلك كان الأتجاه المطلوب هو سد الأحتياجات تلك، فعمدت دائره العلاقات الثقافيه والشؤون العلميه بالجامعه لمفاتحه عدد من السفارات الأجنبيه مثل البريطانيه و الألمانيه لتوفير اساتذه وسد النقص.ولكن ضروف العمل والمردود المالي للأستاذ وحياه جيده كانت كلها صعوبات تمنع التحاق أساتذه من تلك الدول بالجامعه عدا بعض دول أوربا الشرقيه مثل بلغاريا وبعض الدول العربيه مثل مصر.حيث وصل عدد من أساتذه هذه الدول وبدأوا العمل بالجامعه الحديثه.مع ذلك الأساتذه العاملين لم يستمروا فتره طويله وكان كل استاذ ينتظر الفرصه لأيجاد عمل أخر أفضل ليغادر الجامعه مقدماً أعذار بمختلف الأسباب.هذا ان دل على شئ فأنما يدل على أنعدام حياه مناسبه للأستاذ الجامعي الزائر أو الموفد.ليس هناك من اسباب تجعله يستمر في عمله.على عكس دول الخليج العربي الأساتذه العرب والأجانب يتسابقون في الحصول على فرصه عمل هناك.والسبب لأن النظام التعليمي مبني على أسس صحيحه مع توفر كل الأمكانيات من سكن مريح، والراتب الجيد، وعدم التدخل في الشؤون العلميه وامور أخرى مشجعه

توفير الكتب والمصادر العلميه والدوريات والمجلات للجامعه بكل كلياتها وأقسامها يعتبر في غايه الأهميه ولكن هناك معوقات كثيره تقف عقبه في توفير كل تلك المصادر.

فتح أعتمادات بالبنوك لأجل تحويل المبالغ المطلوبه لتلك المصادر كان صعب جداً يتطلب موافقه وزاره التعليمم العالي والبحث العلمي أولاً ثم موافقه اللجنه الأقتصاديه التابعه لمجلس الوزراء ثانياً وهذا الأمر في غايه الصعوبه والتعقيد.كيف تعمل جامعه وكليات بدون مصادر وكتب ودوريات؟ كان هناك عمل دؤوب ومستمر ليل نهار لتذليل العقبات وكان النجاح يحالف العاملين أحياناً والفشل أحياناً أخرى.بعض الجهات الدوليه كانت تتعاون في توفير تلك المستلزمات جهات من أميركا وبعض الدول العربيه

كانت معاناه الطلبه في تلك الجامعه كبيره جداً فلم يكن لديهم سكن مريح والسكن غير متوفر أصلاً، ومعانات الطالبات أكثر من الطلبه فكن يتعرضن لمضايقات مستمره من قبل سكان تلك المدينه خاصه الشباب.وكان عميد أحدى الكليات يعمل جاهداً لمنع تكرار مثل تلك الحالأت كانت محاولاته دون جدوى.الطلبه لم تكن لديهم خيارات كثيره فأما أن يلتحقوا بكليات وأقسام تلك الجامعه أو لايستطيعون أكمال دراستهم الجامعيه

كما أن النقل كان صعباً بين أقسام وكليات الجامعه.ولاتوجد أي وسائل ترفيهيه للطلبه مثل نادي أجتماعي أو ممارسه ألعاب رياضيه أو أمسيات أدبيه أي شئ من هذا القبيل غير متوفر.

ليس الطلبه وحدهم محرومين من تلك الوسائل بل الكادر التدريسي والأداري للجامعه محروم كذلك.فلا يوجد أي مجال للترفيه بل على العكس حياة جافه ممله موحشه.هذا ما دفع عدد كبير من العاملين سواء أساتذه أجانب أو عرب أوموظفين من تلك الدول لمغادره تلك الجامعه وعمل المستحيل للتخلص من تلك الحياة الجامعيه الغير مريحه على الاطلاق.وهذا نفس حال بقيه الجامعات في عموم البلد عدا جامعه بغداد، الموصل، والبصره.

حتى العلاقات الأجتماعيه بين منتسبي الجامعه لم تكن على ما يرام.لقد تمت المساهمه في تلك الجامعه لمده ثلاث سنوات ونصف تم خلالها المساهمه في أنشاء أحدى الكليات من الصفرمع توفيركل مستلزمات العمليه التعليميه الجامعيه لتلك الكليه أضافه لبقيه كليات الجامعه.

توفير عدد من الأساتذه العرب والأجانب، توفير المستلزمات العلميه من مصادر كتب ودوريات ومجلات علميه وأدبيه، أنشاء وتجهيز المختبرات العلميه للفيزياء والكيمياء وعلوم الحياه وغيرها

تعتبر جامعه بغداد من الجامعات المهمه في الوطن العربي والشرق الأوسط.رغم أن تأسيس تلك الجامعه تم في أوئل الستينات من القرن العشرين، إلى أن بعض من كلياتها تأسس قبل ذلك التاريخ,كليات مثل كليه طب جامعه بغداد تم أنشائها في منتصف العشرينات من القرن العشرن وكان عميدها بريطانياً (د.سندرسن) وجميع أساتذتها من المملكه المتحده.

دار المعلمين العاليه التي تطورت فيما بعد وأصبحت تسمى كليه الحقوق تأسست في أواخر العشرينيات أيظاً.كذلك كليه الهندسه.دار المعلمين العاليه أصبحت تمثل كليه التربيه في خمسينات القرن العشرين أيظاً وهذه الكليه تخرج مدرسين للثانويات في مختلف الأختصاصات، تسميات الكليات كانت تتغير بين فتره وأخرى.كليه الصيدله والعلوم التطبيقيه التي تضم كل الأختصاصات العلميه من فيزياء، وكيمياء، وعلوم الحياه، وعلم الأرض، كذلك تضم الأختصاصات الأدبيه جميعها من علوم اللغات إلى الجغرافيه والتاريخ بفرعيه العربي والأسلامي.هكذا هي جامعه بغداد كلياتها موزعه في مناطق مختلفه من العاصمه بغداد.

المجموعه الطبيه تقع في منطقه الباب المعظم من بغداد، مجموعه الكليات الأدبيه تقع بالقرب من المجموعه الطبيه أيظاً.كليه الزراعه وكليه الطب البيطري تقع في منطقه أبي غريب شمال غرب بغداد، كليه الأداره والأقتصاد تقع في منطقه كمب ساره وسط بغداد وهكذا.

مجلس الأعمار في العراق الذي تشكل بأقتراح من السفاره البريطانيه في العراق والذي كان الغرض من تأسيسه التخطيط للمشاريع الستراتيجيه للبلد من مشاريع عمرانيه إلى مشاريع أنشاء السدود والمصانع ومشاريع الري والبزل والزراعه وكل ما يتعلق بمشاريع العمران.

هذا المجلس قرر إنشاء مجمع متكامل لجامعه بغداد يضم أغلب كليات الجامعه.تم إنشاء المشروع على ضفاف نهر دجله في منطقه الجادريه في منتصف الخمسينات من القرن العشرين وتم افتتاح تلك المنشأت في أوائل الستينات وعندها تم تأسيس جامع بغداد رسمياً.

واقع الجامعه لا يختلف كثيراً عن بقيه جامعات البلاد العربيه والشرق الأوسط رئيسها يعين من قبل السلطه وهوفي الغالب تابع لتلك السلطه وينفذ برامجها كان هذا الحال على الدوام خاصه في فتره أواخر الستينات حتى أوائل القرن الواحد والعشرين في ٢٠٠٣.

رغم كل الصعوبات والمعوقات للتطور الجاد، فأن دور الجامعه كان رائداً وممتازاً والمستوى العلمي جيد جداً ومتاز بشهاده المنظمات الدوليه التابعه للأمم المتحده حتى جاء عام ١٩٩٠وجاء حصار الأمم المتحده بتأثير أمريكي وغربي واضح أي بعد حرب الخليج الثانيه ١٩٩١فقد تعرض التعليم لعالي والبحث العلمي إلى حصار شديد كبقيه قطاعات العراق أثر ذلك الحصار على تطوره.

مع ذلك كانت هناك محاولات ناجحه للنهوض بالتعليم العالي رغم الحصار.تعرض التعليم العالي والبحث العلمي إلى نقص شديد لمتطلبات البحث والدراسه

نقص في المعدات، نقص في المواد البحثيه، نقص وحصارفي المعلومات العلميه العالميه.المستوى المعاشي للكادر التدريسي تعرض إلى هزه قويه أثرت عليه وجعل أساتذة الجامعات يحاولون أيجاد فرص عمل أظافيه أو مغادره البلد.

التعليمات والقوانين ظلت جامده ولا تستحدث بحيث يؤخذ بنظر الأعتبار ضروف الحصار للبلد.
فرق التفتيش التابعه للأمم المتحده بحثآ عن أسلحه الدمار الشامل تفتش الجامعات وتقوم بزيارات مفاجئه لكل الكليات والأقسام العلميه والمؤسسات البحثيه وكل شئ تشك فيه له علاقه بأسلحه الدمار الشامل!هذا التفتيش مربك بالطبع للعمليه التعليميه والبحث العلمي.
بالمقابل الدوله تطالب الطلبه والكادر التعليمي بالخروج في مظاهرات وهذه المظاهرات تتكررعلى الدوام على مدار السنه الدراسيه.
بدأت ظاهره الفساد المالي والأداري تنتشر في الجامعه لسوء الوضع المالي للكادر التعليمي رغم محدوديه ذلك الفساد المالي خوفاً من قوانين الردع الشديده.الوضع المالي والوضع المعيشي للطلبه في غايه الصعوبه.حيث يضطر عدد كبير من الطلبه للعمل في أوقات الدراسه والتغيب عن الدوام ومتابعه التعليم.
كنت أرى طلبتي في الأسواق العامه أحدهم بائع خس، والأخر بائع ثلج، والثالث بائع شاي وهكذا.الكادر التعليمي يعمل خارج أوقات الدوام بعظهم عمل كسائق تكسي وأخر عمل كمدرس خصوصي.
أذن الوضع السياسي والأستقرار في بلدان الشرق الأوسط والعربيه ينعكس على مجمل التعليم العالي والبحث العلمي.لابد أن تستقر تلك البلدان وتبتعد عن الدكتاتوريه والحكم الشمولي لكي تتطور بلدانهم وينتهي الصراع على السلطه.
رووساء الجامعات وكلياتها كل يبقى في مركزه عشرات السنين كأنما لايوجد كادر متعلم غيرهم.
يجب أن تكون هناك ديناميكيه في العمل لكي يتطور التعليم العالي.كل كادر تعليمي أستاذ يحمل تجارب خاصه به يستطيع أن يطور ويدفع عمليه التعليم إلى الأمام يبقى في مركزه فتره محدده ثم يجب ان يحصل تغيير لكي يعمل المسؤول الجديد ويضيف لكي يطور هو الأخر أيظآ وأذا عجز يزال من منصبه وهكذا عمليه ديناميكيه متحركه على الدوام
لا أحد يجرئ على أنتقاد أي مسؤول مهما أخطأ.
ليست هناك حريه للتعبير عن الأراء، وأذا ما تم عكس ذلك فاالعقاب الشديد يكون مصير الشخص الذي ينتقد او يعبر عن رأيه.يجب أن يجامل الكادر التعليمي ويجامل على حساب مبادئه وأسسه التعليميه التي تربى عليها.
كل هذه سلبيات يجب أزالتها أذا ما أوريد للتطور أن يحصل في الدول العربيه والشرق أوسطيه.السلطه تراقب الأستاذ الجامعي كل تحركاته مراقبه وهو متابع من قبل الأجهزه الأمنيه وأذا كان مستقل ولا يرغب في عمل حزبي أو تنظيمي توضع عليه علامه أستفهام ويحارب في كل شئ، يحرم من الأيفادات للمشاركه في المؤتمرات العلميه ودورات التطور التعليمي.
كما أن الدول الغربيه وأمريكا لا تستقبل أحد من الأساتذه بسبب الحصار الذي كان مفروض.

فالأستاذ الجامعي في الغالب محارب في داخل البلد ومحارب من قبل الدول الخارجيه.فلا خيار له إلى أن يمشي مع التيار وكان البعض يرفض ذلك

العمليه التعليميه تشمل أعطاء المحاظرات الدوريه وعمل أختبارات متكرره لشد أنتباه الطلبه للمواضيع الدراسيه.أظافه إلى الأمتحانات الفصليه.وتكليف الطلبه بكتابه بحوث ومواضيع دراسيه وهذه تقتصر على طلبه المرحله النهائيه فقط.
وهناك أيظاً طلبه الدراسات العليا للماجستير وأخرى للدكتوراه، تشمل أيظاً محاظرات لتلك المجموعات ولكن متطوره جداً وشامله وعميقه من حيث التفاصيل، يتبع ذلك أمتحانات نهائيه، بعد ذلك تتم مرحله الأشراف على البحث للماجستير أو الدكتوراه.
وضمن عمل الأستاذ آيظاً مشاركته في مناقشه أطروحات الماجستير والدكتوراه في جامعات أخرى.
الجامعات في دول الوطن العربي والشرق الأوسط متشابه تقريباً من حيث النظم التعليميه والمناهج والسياسات الخاصه من حيث ارتباطها بالحكم القائم في كل دوله.
هناك جامعات أقدم من حيث التأسيس وذات مستوى علمي جيد جعل تلك الجامعات يقصدها عدد كبير من الطلبه العرب من مختلف الدول الدول العربيه والشرق أوسطيه الأخرى كذلك طلبه من خارج هذه الحدود.
فجامعه بغداد مثلاً يلتحق بها عدد كبير من الطلبه العرب من دول الخليج مثل البحرين وقطر والأمارات العربيه المتحده والكويت وسلطنه عمان واليمن والمملكه العربيه السعوديه خاصه في مرحله الخمسينيات وستينيات وأنخفض عددهم بشكل كبير في سبعينيات القرن الماضي القرن العشرين.حتى تلاشى عددهم تقريباً بعد ذلك بسبب الحروب التي مر بها العراق والمشاكل السياسيه له ومحاوله العراق تسييس التعليم العالي.
هؤلاء الطلبه يدرسون مختلف الأختصاصات الطب والهنسه والصيدله وعلوم اللغه والتاريخ القانون وغير ذلك من الدراسات.كان ذلك يحصل قبل ان تتطور دول الخليج وتفتتح جامعاتها بأطار النظم الغربيه والأمريكيه وتستقدم اساتذه أجانب وعرب للتدريس في كلياتها.
وجامعه القاهره وعين شمس ربما أكثر شموليه من جامعه بغداد.حيث كان يزورها ويقصدها طلبه عرب وأجانب من مختلف الدول للدراسه فيها في مختلف الأختصاصات حالها مثل حال جامعه بغداد يقصدها طلبه من ماليزيا والصين والهند وأندونسيا وغيرها من الدول الأسيويه والأفريقيه كذلك كنت أحد الموفدين للدراسه في مصر للحصول على شهاده الماجستير ثم الدكتوراه.
حيث باشرت في كليه االزراعه جامعه عين شمس في منطقه شبرا الخيمه.التحقت بالدراسه هناك عام ١٩٧٧.

تمتاز الجامعات المصريه بوجود كادر تعليمي جيد جداً ولكن عدم توفر الأمكانيات الماديه أو على الأقل قلتها خاصه الكليات العلميه يعتبر أحد سلبيات تلك الجامعات وأنا أتحدث هنا عن مرحله أواخر السبعينات من القرن العشرين.مع ذلك كانت تلك الجامعات يتوافد عليها أعداد كثيره من العرب لدراسه القانون والفقه الأسلامي وعلوم الغه العربيه وغير ذلك من الأختصاصات.تركت جامعه عين شمس قبل أكمال الدراسه فيها للحصول على شهاده الماجستير وذلك بناءاً على نصيحه الأساتذه المصرين أنفسهم حيث أقترحوا علي الألتحاق بأحد الجامعات الأمريكيه أو البريطانيه لما تتمتع به تلك الجامعات من مستوى علمي راقي.

السنه الكامله التي أمضيتها في مصر جعلتني على أطلاع بالنظم التعليميه هناك والحكم علي سير التعليم العالي والبحث العلمي الى حد ما بتواضع شديد.

كذلك اطلاعي على نظام التعليم العالي والبحث العلمي في الاردن من خلال زيارات وعلاقات مع أساتذتها خاصه عميد كليه طب الزرقاء خلال فتره التسعينات من القرن العشرين.

أما نظام التعليم العالي والبحث العلمي في سوريا فقد أطلعت عليه من خلال علاقتي بأساتذه من هذاالبلد العربي الأصيل في فتره التسعينات وبدايه القرن الواحد والعشرين.

كذلك دول شمال أفريقيا وأخص بالذكر منها ليبيا حيث قضيت فتره فيها للعمل في كليه العرب الطبيه في بنغازي إلأ أنني قررت ترك العمل هناك

أما دوله اليمن فأطلاعي عن نظام التعليم العالي والبحث العلمي جاء من خلال أشرافي على مجموعه من الطلبه الدارسين في جامعه بغداد للحصول على شهاده الماجستيروالدكتوراء تحت أشرافي.

الوطن العربي بحاجه إلى ثوره حقيقيه لنظام التعليم العالي تبدأ من أنطلاق الحريه الكامله

للأساتذه الجامعيين وعدم التدخل أو تسيس الأستاذ في العمل.

ثم ترك أختيار القيادات التعليميه في الجامعات والمعاهد والكليات للأساتذه أنفسهم يختارون من يشائون في عملية أنتخابيه ديمقراطيه.ثم تحديد فترات زمنيه لبقاء القيادات الجامعيه في مناصبهم ثم تقيم أداء كل جامعه ومؤسسه تعليميه كليه كانت أم قسم .

التقيم يتم على أساس البحوث المنجزه ونسبه النجاح والفشل فيها وأخذ أراء الطلبه والأساتذه معاً في سير العمليه التعليميه لغرض تقيمها.

للحقيقه التاريخيه والواقع فأن في بلاد الدول العربيه ودول الشرق الأوسط يوجد عدد ونوعيه ممتازه من الأساتذه الجامعيين تشهد لهم دول العالم المتقدم.وهذا الجيل من العلماء والباحثيين تستقطبهم الجامعات العالميه العريقه.وهو جيل نشئ على مبادئ أنسانيه خلاقه ومبادئ علميه رصينه وهو جيل مخلص ومتفاني في عمله.

هذا الجيل تخرج من مدارس ثانويه ذات مستوى علمي ممتاز فمثلاً الثانويه المركزيه للبنين في بغداد تخرج منها خيره رجال العراق في السياسه حيث شغلوا مناصب مهمه في السلك الدبلوماسي الدولي.وفي الجيش حيث تخرج قاده عسكرين تشهد لهم ساعات المعارك والأكاديميات العسكريه العلميه.حيث الشجاعه والفن والتخطيط العسكري.وشغل عدد كبير من طلبه تلك الثانويه مناصب وزاريه في الحكومات العراقيه المتعاقبه خلال مرحله القرن العشرين حيث كان عدد منهم رووساء وزارات أظافه إلى أقتصاديين وخبراء دوليين في القانون

تقع الثانويه المركزيه للبنين في جانب الرصافه من بغداد بالقرب من وزاره الدفاع العراقيه ذلك الموقع للوزاره كان في العهد الملكي وبقي كذلك في العهد الجمهوري حتى منتصف التسعينات من القرن العشرين.وزاره الدفاع تمتد من جسر باب المعظم إلى بنايه مجاوره للوزاره كانت تشغلها أساله الماء مقابل الساحه التى نصب فيها مدفع عثماني قديم يسمى طوب أبو خزامه لا أدري من أين جاءت هذه التسميه ولكن الذي أعرفه أن هذا المدفع تحول عند بعض البغدادين البسطاء من الطبقات المتوسطه والفقيره تحول الى وسيله لعلاج الأطفال الذين يعانون من بعض الأمراض مثل الحصبه والجدري عندما تطول فتره علاجهم تعمد بعض الأمهات الى أحضار أطفالهن الى هذا المدفع وأدخال الطفل في فوهه المدفع لبضع ثواني وأخراجه مع تكرار هذه العمليه مرتين أو ثلاثه على أمل شفاء الطفل من مرضه بعد ذلك. شاهدت أناس يقومون بذلك.

دائره أساله الماء التى تحولت فيما بعد إلى دائره الحسابات العسكريه بجوارها شارع فرعي صغير يقود إلى الثانويه المركزيه.خلف بنايه دائره الحسابات العسكريه يوجد الدار الذي سكن فيه الملك فيصل الأول رحمه الله حين جاء من الحجاز لكي يتوج ملك على العراق

والدار تقريباً مطل على نهر دجله لايزال قائم وقد تحول إلى دار الحكمه في أواخر التسعينات من القرن العشرين.

أمام الثانويه يوجد مركز للبريد وبالقرب من الثانويه بمسافه قصيره يوجد مبنى البرلمان العراقي في العهد الملكي أمامه ساحه مقابل الساحه يوجد المصرف العقاري مهمته أعطاء قروض مصرفيه لكل بغدادي ينوي بناء دار سكن يعاد القرض على شكل أقساط بعد أكمال البناء.

أمام الساحه أيظاً توجد مباني حكوميه وساحه القشله الشهيره التي فيها ساعه بغداد.

لقد أصاب كل هذه المنطقه الأهمال الشديد في فتره الثمانينيات والتسعينيات وبدايه عقد القرن الواحد والعشرين اهمال شديد متعمد.

حتى الثانويه المركزيه أهملت تماماً.وعلى العكس تم الأهتمام بثانويه أخرى تقع في جانب الكرخ تسمى الجعيفر(الكرخ) للبنين.لقد تم تحديث هذه الثانويه

وزودت بمكيفات تبريد في كل صفوفها والسبب مسؤولي الدوله وعلى رأسهم صدام حسين درسوا في تلك الثانويه وتخرجوا منها.
مقابيل دائره الحسابات العسكريه تماماً على جانب الشارع الفرعي تقع مقهى في غايه الأهميه تدعى مقهى البلديه(كهوه البلديه).روادها من الطلبه الدارسين في الثانويات ومنها الثانويه المركزيه وطلبه المعاهد مثل دار المعلمين العالي وطلبه الكليات الأدبيه والعلميه مثل كليه الطب جامعه بغداد وكليه الأسنان والصيدله لقرب هذه الكليات من هذه المقهى.
الجو فيها دراسي ١٠٠٪ كل طالب مشغول في درسه ولا مجال للموسيقى أو لعب الدومنه أو ما شابه ذلك.كانت هذه المقهى في فتره الثلاثينيات من القرن العشرين مسرح قبل أن تتحول إلى مقهى دراسي.المسرح كان يقدم مسرحيات وأحياناً يستخدم المسرح لكبار المطربين الزائرين للعراق ويقال ان مطربه العرب الأولى أم كلثوم غنت على مسرح مقهى البلديه عندما زارت العراق عام ١٩٣٣ كنت من رواد مقهى البلديه للدراسه فيها يومياً حتى ساعات متأخره وهي تفتح حتى الساعه العاشره مساءاً.
الغريب أن هذه الحالات أو المظاهر تراها متكرره في الدول العربيه ففي القاهره في مصر هناك ما يشبه المقهى وهومجموعه كروبي يتردد عليه الدارسين وطالبي العلم أظافه إلى مقاهي مشهوره هناك.
وفي دمشق في سوريا هناك مقهى مشهور بالقرب محطه قطار الحجاز في وسط دمشق.
كذلك في عمان الأردن ولبنان وغيرها.
الجامعات في البلاد العربيه وكذلك دول الشرق الأوسط منتسبيها يشكلون نسبه جيده في الغالب من هذا الجيل المثقف المشبع بروح التعلم تراه يطالع ويقرأ مختلف الكتب ويتابع ويناقش كافه المواضيع في الحياة قبل ان يدخل الجامعات ويحصل على أعلى الشهادات.فكما يعلم الجميع أن الحياة هي مدرسه عظيمه فكيف الحال اذا كان هؤولاء المثقفين العرب أظافه إلى الأطلاع وقرائتهم للحياة يكملون دراستهم العليا فهؤولاء عماد التطور والتقدم سواءاً في التعليم العالي والبحث العلمي أو غيره من مجالات العمل

الفصل الثالث
Chapter Three

الكليات والأقسام العلميه والأنسانيه
Colleges, Scintific, Humanity departments

الكليات عموماً في دول العالم العربي ودول الشرق الأوسط تتبع نظام تعليمي متشابه تقريباً وهو تقليدي يعتمد على ان الأستاذ المحاضر لماده معينه في بدايه السنه الدراسيه يحدد المصادر التي يعتمد عليها في محاضراته.
ثم تتم المحاضرات على نمط الألقاء والطلبه يسجلون ملاحضاتهم على ضوء ذلك.
يختلف اسلوب الألقاء من استاذ لأخرفمنهم من يعتمد اسلوب شد الطلبه إليه فيقوم بطرح اسئله ويطلب إجابات عليهاخلال المحاضره.واخريلقي المحاضره ويحدد اختبارات متكرره اسبوعيه او شهريه او عند نهايه كل موضوع من مادته.ومنهم من لايتبع هذا ولاذلك بل يعتمد على اسلوب الأختبارات العامه أو عند نهايه كل فصل دراسي أوعند منتصف السنه ونهايتها.
الكليات والأقسام في جامعات دول العالم العربي يختلف عدد السنين الدراسيه حسب الموضوع فمنها خمس سنوات ومنها أربعه أو سته سنوات مثل كليات الطب.بالطبع الكليات تدار من قبل عمداء الكليات والأقسام من قبل رووساء الأقسام وهنا نلاحظ ان الواقع يشير، ان العميد او رئيس المعهد يتم اختياره من قبل رئيس الجامعه ويبقى في منصبه فتره طويله دون تغير إلى ان يتغير رئيس الجامعه.
كما ان رووساء الأقسام يتم اختيارهم من قبل عمداء الكليات ولا يتم انتخابهم من قبل اعضاء الهيئه التدريسيه في كل قسم وهم ايضآعادة يبقون في مراكزهم لفتره طويله تزيد احياناً عن عشره سنوات
لكل كليه مجلس للكليه يتكون من العميد ومعاونيه ورووساء الأقسام في الكليه وأحياناً يضم المجلس بعض الأداريين مثل مدير الأداره في الكليه.
أما مجلس القسم يتكون من رئيس القسم وعدد من الأساتذه العاملين في القسم يتنوع عددهم حسب الأختصاص الذي يتكون منه القسم.
يتم أختيار أستاذ واحد من كل أختصاص.القسم معني بأداره شؤون القسم من حيث أعداد جدول المحاظرات وعدد الساعات والدروس لكل ماده.والقسم هوالذي يحدد مأذا كان في الأمكان فتح دراسات عليا للماجستير والدكتوراه في القسم على ضوء توفرالأساتذه والأمكانيات العلميه والمختبريه والماديه والمصادر والدوريات العامه. أحياناً يتم فتح دراسات عليا بتوجيه من عميد الكليه أو مجلس الكليه أو من قبل مجلس الجامعه.

فيما يخص الدراسات العليا للماجستير والدكتوراه في الدول العربيه وما هي عليه في الدول الغربيه وأمريكا نرى هناك أختلاف ففي حين الذي يقرر وجود دراسات عليا أم لا هو مجلس قسم الكليه نرى في الدول الغربيه وأمريكا ان الأستاذ هو الذي يقرر وكل استاذ له الحق في الأشراف على طلبه الدراسات العليا حسب نظام الجامعه التي يعمل بها.
الجامعه ممثله بالقسم المسؤول عن القبول فيها تفاتح الأستاذ ذو الأختصاص المعني لقبول طلبه دراسات عليا والأستاذ أما يوافق على قبول الطالب أو يعتذر.
في دول البلاد العربيه والشرق الأوسط الأشراف على طلبه الدراسات العليا يخضع لمعاير غير صحيحه فالقسم أو العماده تسمح لبعض الأساتذه بقبول أعداد كثيره من الطلبه فيما تحدد عدد الطلبه الراغبين للدراسات العليا لأستاذ أخر.تدخل فيها معايير العلاقات الأجتماعيه والعشائريه والحركات السياسيه.
هذا الأسلوب خاطئ يجب ان لا يسمح به في الكليات والأقسام العلميه والأنسانيه.
غالبآ ما يكون السبب وراء ذلك هوالمردود المالي الذي يحصل عليه الأستاذ من عمليه الأشراف على طلبه الدراسات العليا سواءآ للماجستير أو الدكتوراه.
أذآ الواقع والضوابط غير صحيحه يجب ان يصحح ذلك وان لا يكون هناك مردود مالي كبير من وراء الأشراف العلمي.نعم هناك جهد ووقت يبذله الأستاذ من خلال أشرافه على طلبه الدراسات العليا ويجب ان يكون هناك مردود مالي جيد ولكن عدم المبالغه بذلك أولآ والتوزيع العادل بين الأساتذه ثانيآ هو المطلوب
عدد الساعات المخصصه لكل مدرس او استاذ مساعد اوأستاذ يختلف بينهم حسب الدرجه العلميه للكادر التعليمي وما يزيد عن هذه الحصص تعتبر ساعات إضافيه يتقاضى عليها الأستاذ الجامعي أجور وهذه الساعات الأضافيه يحددها القسم ثم يصادق عليها مجلس الكليه.
هذا النظام غير معمول به في الدول الأوربيه وأمريكا.أنما يحدد الراتب السنوي لكل استاذ حسب مرتبته العلميه ويتم التعاقد معه على هذا الأساس.وأحياناً يطلب منه عمل اظافي وتكليف أداري أو متابعه بحوث كل هذه دون مقابل مادي.لكن الأستاذ في الدول الأوربيه وأمريكا قد يحصل على دعم مالي من جهات أو شركات خاصه أو جمعيات خيريه أوجهات حكوميه هذا الدعم المالي مقابل بحوث تطلب منه ويستطيع الأستاذ توضيف عاملين معه بالبحث مثل باحثين أو مساعدين باحثين يكون للأستاذ الحق في الصرف المالي بعد أن يطلب ذلك من الجامعه.
هذا النظام غير معمول به في الدول العربيه ودول الشرق الأوسط وراء هذا يكمن السبب في عدم تطور الكليات والأقسام في الجامعات العربيه.عشرات بل مئات الجهات المانحه متوفره في كافه الدول الأوربيه وأمريكا وكندا واليابان وعدد كبيرجدآ من الأساتذه من مختلف دول العالم يتنافسون للحصول

على منح ماليه لغرض أجراء البحوث وهذا الأسلوب في العمل هو الذي يطور العلم ويتقدم به العالم.
أيجاد الحلول العلميه من خلال البحوث هوالذي يعتمد عليه في مجال التطور ولولا ذلك لما وصلنا إلى مانحن عليه الأن من تطور خلال فتره ١٠٠عام من بدايه القرن العشرين حتى بدايه القرن الواحد والعشرين.
أذا لم يكن في بلاد الدول العربيه والشرق الأوسط ذلك العدد الكبيرمن الشركات العامه والخاصه والمنظمات الخيريه ومنظمات المجتمع المدني التي تدعم البحث العلمي في كافه المجالات فعلى الدول والحكومات واجب هوان تدعم البحث العلمي ولكن دون التدخل وتسيس التعليم الجامعي والبحث العلمي
صحيح ان كل استاذ في الدول الغربيه وفي أمريكا ودول العالم المتقدم الأخرى هو الذي يفاتح الجهات المانحه وهو الذي يقدم برنامج البحث الذي ينوي القيام به، الأستاذ يقوم بكل ذلك وليست الكليه أو القسم الذي يعمل به الأستاذ.
أذا وفق الأستاذ وحصل على منح فأن ذلك يسجل له في الكليه والقسم وهذا له جوانب إيجابيه كبيره تعود عليه.
الأقسام في كليات البلاد العربيه والشرق الأوسط هي المسؤوله عن المناهج الدراسيه للطلبه.
كل مرحله دراسيه (سنه دراسيه) هناك منهج للطلبه يحتوي على مفردات المواد المطلوب تدريسها.هذه المفردات للماده الواحده تقر من قبل مؤتمرات او ندوات علميه بأشراف وزاره التعليم العالي في تلك الدول وهي تعقد في الغالب مره كل ٣ أو ٥ سنوات يتم في تلك المؤتمرات او الندوات مراجعه لكل ماده دراسيه وخلال تلك المراجعه تحذف مفردات أو تضاف مفردات جديده.التطور العلمي مطلوب وهو حاجه ملحه في دول الشرق الأوسط والوطن العربي.
وهذا النظام المتبع في مراجعه المنهاج يحتاج الى تطور وتغيير.أولاً فتره الثلاث إلى خمس سنوات تعتبر طويله.الحاصل في الدول المتطوره الغربيه منها وأمريكا وكندا وأستراليا واليابان وغيرها ان كل سنه الأستاذ او المسؤول عن الماده الدراسيه يعمل على تغيير مفردات الماده أو حتى الغاء الماده بالكامل أو استحداث ماده بديله الأستاذ يعتقد ضروره احداث ذلك ومن خلال تجربته في تدريس الماده أو ربما لا داعي للتحديث المهم يتم مراجعه المواد واحده واحده من قبل الأستاذه المحاضرين أنفسهم وأيضاً من قبل المشرف على المناهج الدراسيه في القسم.
صحيح ان المؤتمرات أو الندوات التي تم الأشاره لها لغرض مراجعه المناهج الدراسيه يشترك فيها أساتذه اختصاص في كافه المفردات ولكن هذا الأسلوب يخلق عدم توافق وأختلافات في الرئ.كثيراً ما نرى في الدول المتقدمه بريطانيا وأمريكا وفرنسا والمانيا وغيرها من الدول المتقدمه علمياً أن يعمل المشرف على الكورس على تغيرعنوان الماده الدراسيه بالكامل يحذفها من

المنهج الدراسي للعام القادم أو يبقي على اسم الوحده ولكن المفردات داخل الوحده تتغير والأستاذ بهذا لايحتاج إلى مؤتمر او ندوه علميه أو ما شابه ذلك.كل ما يقوم به الأستاذ هو يبلغ القسم بهذا التغيير والماده تقر ومفرداتها تقر كذلك ويتم تدريسها في السنه الدراسيه.

عادتآ يستطلع استاذ الماده الأراء من الطلبه والفنيين العاملين معه وربما يشرك زملاء له بالرئ حول جدوى تدريس تلك الماده والمفردات ومدى استيعاب الطلبه للمفردات والفائده منها ومدى ارتباط كل ماده مع المواد الأخرى لكي تصب جميع المفردات الدراسيه وتتكامل مع الدرجه العلميه التي سوف يحصل عليها الطالب في نهايه تحصيله الجامعي

القسم في هذه الحاله يكون في ديناميكيه متحركه على الدوام وفي كل عام.ولا مجال للروتين والشكليه والجمود في التدريس.هذا النظام ينطبق على كل الأقسام علميه كانت أم أنسانيه في كل الكليات والمدارس الجامعيه سواء فيزياء، كيمياء، طب، صيدله، طب اسنان، علوم حياة، علوم الأرض، تاريخ، حقوق، لغات، موسيقى، فن، أداب، وغيرها.

أداره الكليه من قبل العميد في دول البلاد العربيه ليست بالامر السهل.العميد يتعامل مع مجموعه عدديه كبيره من الأساتذه والتدريسين والكادر الأداري والموظفين التابعيين له.

كما ان سير العمليه التدريسيه اليومي لا يخلو من معوقات.

الطلبه كل يوم لهم طلبات وأحتياجات وأحياناً مشاكل مع بعظهم أو مع الكادر التدريسي.

فعلى العميد ان يواجه كل هذه الأمور بحكمه ويجب ان يكون ذو خبر بالأداره كما يجب ان تكون له خبره ومؤهلات قياديه يستطيع من خلالها قياده الكليه بالشكل الصحيح.

عادتة المناصب الأداريه مثل عميد الكليه او رئيس قسم تكون محل تنافس ومنافسه شديده بين الكادر التعليمي كل واحد له طموح أن يكون هو العميد أو هو رئيس القسم هنا تظهر مشاكل ومعوقات للعميد نفسه لذلك عليه ان يتعامل معها بذكاء.

هذا التنافس لانراه هنا في الدول الغربيه وأمريكا والدول المتقدمه.لأن منصب العميد أو رئيس القسم يعلن على الأترنيت التابع للجامعه وكل استاذ له الحق في التقديم لذلك المنصب او العمل المعلن، هناك لجنه تختار الشخص المناسب وينتهى الأمر.المنصب عادة يكون محدد بفتره زمنيه ثلاث سنوات أو أكثر قليلاً أذا أراد الشخص الأستمرار أو يحل محله شخص أخر.

من المناسب ان يتبع هذا النظام في الدول العربيه ودول الشرق الأوسط كما هو معمول به في الدول المتقدمه، وبهذه الطريقه نقضي على كثير من المشاكل والمعوقات التي تواجه العميد أو رئيس القسم في الكليات والجامعات

أذا كان عدد الأساتذه في القسم الواحد كثير فأن مشاكلهم تكون كثيره غالبآ.

معظم الكليات في الوطن العربي لها لجان مختلفه.لجنه الترقيات العلميه مهمتها دراسه الترقيات العلميه للكادر التدريسيي في الكليه المعنيه.من مستوى المدرس المساعد لحمله الماجستير إلى درجه الأستاذيه لحمله الدكتوراه.ترفع اللجنه توصيتها بعد قبول الترقيه العلميه إلى العماده لعرضها على مجلس الكليه بعد أن تقر الترقيه العلميه من قبل مجلس الكليه ترفع للجامعه المعنيه لأصدار أمر جامعي بالترقيه.بعض اللجان في الكليات نشطه وتنجز مهماتها بصوره جيده في حين هناك لجان علميه عكس ذلك.الدرجات العلميه هي مدرس مساعد، مدرس، أستاذ مساعد،ثم أستاذ.وهذه تحدد بعدد البحوث المنشوره لكل مرحله والفتره الزمنيه اللازمه لذلك.
لغرض تطوير التعليم العالي والبحث العلمي هناك حاجه ماسه للتركيز على نوعيه ممتازه من الباحثين وذوي الدرجات العلميه العاليه ممن يتمتعون بمهارات ممتازه وخبره علميه وتجارب عالميه، أذا تم ذلك فأن مستقبل التعليم العالي والبحث العلمي يكون بخير

هناك لجنه للأستيراد معنيه بأستيراد المواد والأجهزه العلميه من خارج الدوله من أسواق عالميه مشهود لها بالخبره في مجالاتها، بالنسبه للكليات الأدبيه هناك أيظاً حاجات مهمه يجب أستيرادها.هذه اللجنه أفرادها والقائمون بالعمل فيها من المهم أن يكونوا ذو خبره ونزاهه ومعرفه بمجالات السوق العالميه.
لجنه المشتريات وهي لجنه معنيه بشراء حاجات الكليات من الأسواق المحليه لكل دوله.
لجنه الكتب والدوريات العالميه معنيه بأستيراد الكتب مباشره من دور نشر عالميه وكذلك الأشتراك بدوريات ذو علاقه بالدراسات في كل كليه.
أحياناً هناك مكتبه مركزيه لكل جامعه هي المعنيه بأستيراد الكتب والدوريات.
ربما تكون هناك لجان أخرى غير التي ذكرناها لكن هذه هي الجان الشائعه في كافه جامعات دول الشرق الأوسط والدول العربيه.
بعض الأقسام في الكليات تكون واسعه بحيث تكون بمثابه كليه متكامله ففي مثل هذه الحالات تشكل لجان في كل قسم من تلك الأقسام تقوم بالمهمات المطلوبه منها.
نتيجه عمل هذه اللجان وأنغماسها في الأمور الماليه وجهات محليه عديده في السوق، كذلك جهات أجنبيه فأن الفساد المالي والأداري يكون محتمل في تلك الجان.فحفاظاً على الكادر العلمي للتعليم العالي والبحث العلمي يجب التدقيق في أختيار المشاركين في هذه الجان من حيث النزاهه والأمكانيات الماليه الذاتيه لهم لكي نضمن حمايتهم من الأغراءات من الجهات المختلفه.
الكليات والأقسام في الدول العربيه والشرق الأوسط مطالبه بتوسيع أستعمال أجهزه الحاسوب وأجبار كافه منتسبيها على أستعمال هذا الجهاز، الواقع يشير إلى ان هناك تطور وتوسع في هذا المجال ولكن أستخدام الأساليب الحديثه في التدريس بالأعتماد على أجهزه الحاسوب مطلوب.

في العالم المتقدم نرى المحاظر يضع محاضرته على حسابه الخاص والطلبه بأمكانهم الأطلاع على المحاضرات، اظافه إلى الحضور لقاعه التدريس.
ليست المحاضره وحدها توضع على جهاز الحاسوب بل كل ما يتعلق بالماده التدريسيه توضع على موقع أستاذ الماده والطلبه بأمكانهم الأطلاع عليها مسأله مهمه وهي مفقوده في جامعات الدول العربيه والشرق أوسطيه وهي أن الجامعات الغربيه والجامعات الأمريكيه وبقيه جامعات دول العالم تستقبل سنوياً مرتين وأحياناً ثلاث مرات تستقبل طلبه الثانويات الذين في المراحل المنتهيه لكي يتعرفوا على الكليات والأقسام الدراسيه وطبيعه ونوع دراستها ومجالات العمل المتوفره لهم في المستقبل، يتم أستقبال الطلبه في يوم محدد يسمى يوم الجامعه المفتوح وهو يحدد مسبقاً ضمن برنامج جدول نشاطات الجامعه.
هذا اليوم يعمل على تحفيز الطلبه، طلبه الثانويات العامه على التحصيل العلمي الجيد ويجعل كل طالب يحدد مستقبله ورغباته الدراسيه.فأذا كان الطالب مهتم بدراسه موضوع معين في أحدى أقسام الجامعه عليه أن يفي بمتطلبات ذلك القسم العلميه من تحصيل درجات الثانويه أظافه إلى الخبره التي تكون ظمن متطلبات القبول لتلك الدراسه، وأحياناً يطلب من الطالب المشاركه في مجال العمل التطوعي.
هذا النظام يجب أن يعمل به في دول الشرق الأوسط والدول العربيه لكي يساعد على تطوير التعليم العالي والبحث العلمي لسبب بسيط هو أن الشخص سواء طالب أو غير ذلك اذا أحب عمل معين تراه يبدع فيه.
رغبه الطالب في تحديد نوع دراسته مهمه جداً في سبيل نجاحه في عمله مستقبلاً

الغالبيه العظمى من الكليات في الوطن العربي ودول
الشرق الأوسط يدخل في هيكلها التنظيمي أقسام وفروع أخرى مثل قسم تسجيل الطلبه مسؤول عن تسجيل الطلبه وتزويدهم بالوثائق كوثيقه التخرج وأمور تتعلق بأستمرارهم بالدراسه أم لا والمرحله الدراسيه للطلبه.
وهناك قسم الأفراد معني بالشؤون الأداريه للأفراد الكليه من كادر تدريسي إلى موظفين.
كما يوجد قسم للماليه يتعامل مع رواتب الكادر التدريسي، ورواتب الموظفين الأداريين.
كذلك هناك فرع أو قسم للأرشيف يحتفظ بأظابير الكادر التدريسي والموظفين.
أيظاً هناك فرع للطابعه يستخدم الحاسوب في الغالب في الوقت الحاضر.
بعض هذه الأقسام قد يوجد مثيل لها في أقسام الكليه أذا كان القسم كبير الحجم ويحتوي على عدد كبيرمن الطلبه والتدريسين.ولكن هذا التوسع الأفقي يشكل عبئ على الجامعه قبل الكليه.

المقارنه مع واقع الجامعات في الدول الغربيه والدول المتقدمه لانجد هذه الأقسام في الكليات.الجامعه هي الوحده الأساسيه ومعظم الأقسام التي ذكرت موجود ومرتبطه في الهيكل التنظيمي للجامعه، مثل قسم التسجيل والقسم المالي.الجامعه هي المسؤوله عن تزويد الطلبه بالوثائق الرسميه من وثائق التخرج إلى تأييد بأستمرار الطالب في الدراسه إلى غير ذلك.

كما ان القسم المالي في الجامعه هو الذي ينظم عمليه رواتب الكادر التدريسي والموظفين الأداريين في الكليات التابعه للجامعه وما تبقى من أقسام وفروع فهي موجوده في الكليات والأقسام العلميه والأنسانيه لتنظيم العمليه التدريسيه في الكليه أو القسم.

هناك بعض الأقسام العلميه في الكليات تتشكل فيها لجان للمحافظه والأهتمام وأداره عمليه تداول المواد الكيميائيه الخطره، ولجان أخرى معنيه بالمواد المشعه والمحظوره والمواد الفيزيائيه الخاصه بالذره.في حين في الأقسام الفنيه ضمن الكليات التي تدرس الفن بكل أنواعه موسيقى ومسرح وفن تشكيلي بكل أنواعه هناك لجان خاصه تهتم بكل فرع من هذه الفنون وتعمل على تطوير أقسامها وهي بحاجه إلى احتكاك مع الكليات والأقسام العالميه في الدول المتقدمه لتطويرها ومتابعه الفن العالمي بكل أبعاده

الفصل الرابع
Chapter Four

الهيئات المرتبطه بالتعليم لعالي
The bodies link to the Higher Education

هناك عدد كبير جداً من الهيئات المرتبطه في التعليم العالي والبحث العلمي في الدول العربيه والشرق أوسطيه وهي تختلف من بلد لأخركما أن أنواعها وتسمياتها يختلف.

بعض هذه الهيئات طبيعه عملها مهني مختصه في الصناعه وأخرى بالزراعه وثالثه بالنفط ورابعه بالغاز واخرى بالتعليم الذي يوفر كادر وسطي بين التعليم الجامعي والتعليم الثانوي أو الأعدادي.

وهناك هيئات مختصه بالطيران المدني والسياحه والأثار والثقافه من فن وموسيقى ومسرح وسينما ورسم ونحت وخط.

وهناك أيظآ هيئات مختصه بالدراسات الأسلاميه من فقه وشريعه وقانون أسلامي والبنوك الأسلاميه أو بنوك ومحاسبه وأداره وتأمين.

كما أن هناك هيئات مختصه بالقضاء مثل القضاء الدولي والجنايات والجريمه والقضاء العالي المختص بتخريج قضاة للبلد.

كذلك هناك هيئات مختصه بالدراسات العلميه كالفلك والفيزياء والكيمياء وعلم الأرض وعلوم الأحياء وعلوم الأمراض.

هيئات مختصه بالدراسات الطبيه لتوفير أطباء أختصاص في الجراحه العامه والباطنيه وأمراض القلب وأمراض السكر والسرطان والأمراض النسائيه وأمراض الأطفال وأمراض المناطق الحاره والوبائيه.

وتوجد هيئات معنيه بدراسه التطور السكاني والجيوغرافي ومشاكل السكن والبناء.

وهيئات مختصه بالطاقه كالطاقه الشمسيه للأستفاده منها نظرآ لتوفرها بشكل واسع.

هناك أيظآ هيئات لدراسه الهزات الأرضيه والسدود والفيضانات والكوارث الطبيعيه.

ومن الهيئات الأخرى تلك المعنيه بالدراسات السياسيه والسلك الدبلوماسي والسياسه الدوليه والهيئات والمنظمات الدوليه الأقليميه منها والعالميه.

كما أن هناك هيئات مختصه بدراسه اللغات مثل اللغه العبريه واللغه الفارسيه والأردو والهندي والأسباني والروسيه والصينيه وغيرها.

هناك هيئات بعضها موجود في قسم من الدول العربيه والشرق أوسطيه والبعض الأخر غير موجود في تلك الدول تتفاوت أهميتها من بلد لأخر رغم أن معظمها مهم للتطور ولكن عدم توفر الأمكانيات من تدريسين أختصاص يمنع فتح مثل تلك الهيئات

والغريب ان بعض هذه الهيئات التي تعتبر من صميم أختصاص الدول العربيه والشرق أوسطيه وكذلك الدول الأسلاميه العالميه كل تلك الدول لاتتوفر فيها دراسات من أهمها هي دراسه نظام البنوك الأسلاميه الغريب في الأمر ان بعض الجامعات الغربيه أخذت بفتح دراسات تدرس مناهج في النظام المصرفي في الأسلام أو ما يسمى البنوك الأسلاميه لماذا؟

لأن الغرب يعي أهميه هذه الدراسات وأمكانياتها لأستقطاب أعداد كثيره من الدارسين العرب والمسلمين وهذا يعود بالفائده الكبيره جداً مادياً على تلك الجامعات التي تفتح مثل هذه الأختصاصات.

كما ان بعض الهيئات المرتبطه بالتعليم العالي تكون متواضعه في أمكانياتها الدراسيه ولم تصل إلى درجه كافيه من التطور والنضوج لكي يؤهلها بتخريج كوادر تستطيع مواكبه التطور العالمي وهنا نشير إلى هيئه الأثار والتنقيبات. دول الشرق الأوسط العربيه منها والغير عربيه لديها مخزون هائل من الأثار الغير مكتشفه لحد الأن وتلك الأثار تحت الأرض تبحث عن من يخرج هذه الكنوز للعالم

لعل السبب يكمن في عدم الأستقرار السياسي من جانب في تلك الدول وأنشغال تلك الأنظمه وخاصه مسؤوليها بالبقاء بالسلطه أطول فتره ممكنه من جانب أخركل ذلك دفع إلى التخلف.

الدول الغربيه المتقدمه تجني ملايين الدولارات من وراء السياحه لزيارات متاحفها ومنشئتها السياحيه في الوقت الذي تحتوي منطقه الشرق الأوسط على كنوز ثمينه جداً وتلك الدول لا تجني من السياحه سوى جزء بسيط يعد نقطه في بحر من مامتوفر لديها عدا البعض القليل من دول الشرق الأوسط العربيه التي نجحت في أستقطاب سواح من مختلف دول العالم من تلك الدول مصر

هناك هيئات مرتبطه بالتعليم العالي مثل الصحافه والأعلام,الواقع يشير إلى ان الدول العربيه والشرق أوسطيه صحافتها كلها أو معظمها مملوك للدوله ولا أحد يتجرأ على أنتقاد رأس النظام أوكبار مسؤوليه ولا أحد يتجرأ ايظآ على أنتقاد النظام السياسي على الرغم من ان تلك الأنظمه تسبح بالمشاكل الأقتصاديه والأجتماعيه القاتله وهي على هذه الحال وما زال بعضها منذ عشرات السنين حتى حدثت ما يطلق عليه بالربيع العربي.

عاشت شعوب تلك الدول حاله القهر والفقر والتخلف والتمايز الطبقي لعشرات السنين إلى ان فاض بها الكيل وثارت على أنظمتها والغريب أن ثورتها لم تقطف ثمارها بشكل كامل وهي تمر الأن بمرحله صعبه تشبه المخاض العسيرسوف يستغرق بعض السنين ربما عشرات ولكن في النهايه سوف لا يصح إلا الصحيح وتنتصر أراده الشعوب

التعليم العالي هو الماكنه التي تضخ بالمثقفين والمتعلمين للمجتمع ولولا التعليم العالي لما تطورت الشعوب.والتعليم كفيل بفتح عقول البشروتطور

المجتمعات.فأذا كان التعليم العالي ليس بالجيد فلا نتوقع أي تطور للمجتمع أو أي خير.وهذا هو السبب في تأخر البلاد العربيه عن ركب التطور العالمي.
عندما حدثت الانقلابات العسكريه لتحرير الدول العربيه من الاستعمار الأجنبي جائت الانقلابات برؤوس حاولت توضيف كل شئ لمصلحتها ولبقائها وهي لم تبالي بتقدم البلد وتطوره حتى التعليم والتعليم العالي والبحث العلمي سيطرت عليه وسخرته لمصلحتها وكانت النتيجه هوالتأخر عن الركب العالمي في حين عدد قليل من دول الشرق الأوسط والعربيه والأسلاميه دفعت بالاتجاه الصحيح وأصابها وسوف يصيبها التطور لاحقاً مثل دول الخليج ومن الدول الأسلاميه ماليزيا فهي تسير بالأتجاه الصحيح نحو التطور والتقدم
الهيئات المرتبطه بالتعليم العالي قد تختلف تسميتها من بلد لأخر في الدول العربيه والشرق أوسطيه،بعض هذه الدول يسمي تلك الهيئات بالمراكز،أي بدلاً من هيئه يسمى مركز.
هناك عدد لا بأس به من هذه المراكز.مثلاً مركز الأهرام للدراسات الستراتيجيه وفي بيروت مركز الشرق الأوسط للدراسات الدوليه.قد تختلف التسميات ولكن الغرض من إنشائها واحد.بعض هذه المراكز أو الهيئات تكون غير مرتبطه بالتعليم العالي والبحث العلمي،وأنما تكون مرتبطه بجهات أخرى تمولها مادياً.بطبيعه الحال هذه الجهات المموله لتلك المراكز والهيئات يكون لها تأثير كبيرعلى وضع هذه المراكز والهيئات ولها تأثير على نمط الدراسه والأتجاه العام للدراسه فتنعدم أحياناً الحياديه والتحليل الموضوعي للدراسات التي تقوم بها تلك المراكز والهيئات.وهذه نتيجه متوقعه حيث أن رأس المال هو الذي يتحكم في الغالب بطبيعه وسير الأمور ومنها التعليميه.
في العالم الغربي وأمريكا والدول المتقدمه الأخرى تكون مراكز الدراسات والهيئات غير مرتبطه في التعليم العالي والبحث العلمي في الغالب أنماهي كيانات مستقله شرعيتها تكتسبها بالقانون المتاح من قبل تلك الدول.قد يكون لتلك المراكز أرتباطات أو علاقات بالتعليم العالي والبحث العلمي لأن القائمين بالدراسات في تلك المراكز أغلبهم سبق وأن عمل في مجال التعليم العالي والبحث العلمي,البعض الأخر سبق وأن عمل في المجالات السياسيه،أو كان دبلوماسي سابق،
أو رئيس وزراء سابق،أو رئيس جمهوريه سابق.
المصادر الماليه لتلك المراكز في الدول الغربيه تأتي من التبرعات وقسم يأتي من أموال المؤسسين لتلك المراكزوهي تحصل على مردود مالي ممتاز حينما تقوم بأي تحليل أو أي دراسه وعدد كبيرمن دول الشرق الأوسط تطلب أستشارات من مراكز غربيه تدفع مقابل تلك الأستشارات مبالغ كبيره جداً.
كما أن اجور الطلبه الراغبين بالدراسه في تلك المراكز عاليه.
وفي أحيان أخرى تحصل تلك المراكز على دعم مالي من جهات أستخباراتيه أو أمنيه أو من وسائل الأعلام العالميه.وسائل الأعلام العالميه في الغالب

تشكل وتكون مراكز وهيئات بحثيه وتعليميه وهذه المراكز ليست حديثه التكوين أنما هي مشكله منذ عشرات السنيين بعضها مع بدايه القرن العشرين الواقع يشير إلى ان أغلب تخصص هذه المراكز والهيئات في الدول الغربيه وأمريكا هي المراكز المهتمه بالأقتصاد مثل مراكز خاصه بالنفط والطاقه،والمؤسسات الماليه،ثم تأتي المراكز المتخصصه بالسياسات الستراتيجيه والسلك الدبلوماسي،ثم مراكز متخصصه بالأعلام والصحافه.وهي تطرح مفاهيم الديمقراطيه والحريه وتشكيل منظمات المجتمع المدني وعمل المؤسسات التابعه للأمم المتحده ومنظماتها .
في الدول العربيه والشرق أوسطيه يعتبر تشكيل مثل هذه المراكز حديث العهد وتجاربها متواضعه ودراساتها وتحليلاتها تعتمد إلى حد كبير على المراكز العالميه والهيئات في الدول الغربيه وأمريكا والدول المتقدمه الأخرى.
فعمليه الأهتمام بتشكيل هذه المراكز والهيئات يعتبر مهم جداً وضم كوادر عالميه مرموقه اليها يساعد على دعمها وأغناء دراساتها،ويجب ان تعطى الأستقلاليه الكامله بعيداً عن تأثير الدوله او النظام السياسي القائم.
إلا أذا كان نظاماً ديمقراطياً تعددياً وأنتخابياً وهذا غير موجود حالياً إلى حداً ما.

المراكز والهيئات العالميه تجني أموال طائله من الدول العربيه والشرق أوسطيه عندما يطلب منها القيام بدراسه معينه أو تحليل خاص أو تقديم مشوره أو خطه أو برنامج معين تسعى الدول العربيه من خلالها تطوير مجال معين من مجالات الحياة العامه فيها،فهذه المراكز تحقق أرباح طائله.
فالدول العربيه والشرق أوسطيه نتيجه حداثه تلك المراكز والهيئات فيها وكذلك قلتها أو أنعدامها كلياً،عليها أعادة برمجه وهيكله تلك المراكز والهيئات وكذلك عليها سن قوانين لتلك المراكزوالهيئات.كما ان الدول العربيه مطالبه بتخصيص فقرات خاصه في دساتيرها لطبيعه عمل تلك لمراكز والهيئات،أو أذا لم تخصص فقرات معينه فمن الممكن ذكر أبواب في الدساتير لتلك الدول على ان تسن قوانين خاصه تنظم عمل تلك المراكز. أذا ما أوريد لتلك الدول مواكبه
التطور العالمي
وطبعاً هي في ذلك متأخره عن الركب العالمي.على تلك الدول العربيه والشرق أوسطيه أن تقتنع بأن أنشاء وتأسيس تلك المراكز والهيئات العلميه والتعليميه لها دور بالغ الأهميه في تطور المجتمع والحياه الأجتماعيه والسياسيه،كما أن تلك الدول عليها الأقتناع والأيمان بأن بأستطاعه هذه المراكز والهيئات أذا ما أنشأت حل الكثير من مشاكل المجتمع ومشاكل الدوله من أرتفاع نسبه البطاله بين المتعلمين وخريجي الجامعات والمعاهد العاليه هذه المشكله تشكل وشكلت عقبه في الدول العربيه والشرق أوسطيه وقادت إلى أنتفاظات وثورات بالأضافه إلى عوامل أخرى مثل أنخفاض المستوى

المعاشي للفرد العربي،أرتفاع نسبه الأميه،تبعثر الأموال العربيه وعدم أستثمارها بالشكل الصحيح الذي يعود بالفائده على الدوله والمجتمع والفرد العربي.تخبط خطط التطور وأولويات حاجه المجتمعات العربيه والشرق أوسطيه هو الذي سبب تأخر تطور تلك الدول.مشكله تطوير الزراعه والصناعه رغم الأمكانيات الكبيره المتوفره في تلك الدول لهذين القطاعين واحده من عوامل التأخر.معالجه مشاكل الأستثمار الوطني والأجنبي وسن القوانين المنظمه لهذا الجانب يعتبر واحد من أولويات السير بالأتجاه الصحيح نحو التطور،في هذا المجال نذكر تجارب بعض الشعوب العالميه مثل تجربه اليابان والأستثمار المنظم والمبرمج هو الذي مكن هذه الدوله خلال فتره قصيره جداً بعد الحرب العالميه الثانيه من القرن العشرين من تجاوز الخراب والدمار الذي حل بها خلال الحرب ووصلت إلى مصاف الدول المتقدمه وأرتفع دخل الفرد الياباني إلى أعلى مستوى في العالم.وأستطاع اليابانيون أن ينعموا بالرفاهيه والتطور.

ثم جاءت الصين بعد ذلك ونحن نرى أقتصادها يشكل ثاني أكبر أقتصاد عالمي بعد الولايات المتحده الأمريكيه ومن المتوقع ان يتجاوز أقتصاد الصين أقتصاد أمريكا أذا أستمر بنفس معدلات النمو الحاليه ليصبح أكبر أقتصاد في العالم خلال الفتره القليله القادمه.

أذن هذه المراكز والهيئات تستطيع ان تلعب دوراً بالغ الأهميه في تطور الدول العربيه والشرق أوسطيه

مشكله الدول العربيه والشرق أوسطيه تكمن في نظمها السياسيه ومحاوله جهه معينه السيطره والأستحواذ على البلد ككل وتجاهل بقيه الكيانات والمجموعات ضمن البلد الواحد.

مهمه الدوله في المجتمع الغربي وأمريكا والدول المتقدمه هو رفاهيه شعوبها والدوله تقدم أفضل الخدمات الصحيه والتعليميه لأبناءها،وهذه الدول تتسابق فيما بينها في ذلك للوصول إلى أفضل الطرق في هذا المجال،وغالباً ما نرى دراسات للمقارنه بينهما وتحديد التفوق،تقوم بهذه المقارنات والدراسات مراكز وهيئات تعليميه متخصصه تقدم النصح والمشوره والأرشادات للحكومات الغربيه في سبيل الأخذ بها وتطبيقها والنتيجه هي وصول تلك الدول للتطور الذي تنشده في تلك المجالات.بطبيعه الحال تسن القوانين الخاصه لوضع تلك البرامج والخطط موضع التنفيذ.

القانون هو من صنع البشر ولا يجوز بقاءه عشرات السنين دون تغيير.في المجتمعات الغربيه نرى القوانين فيها ديناميكيه متحركه دائمه فهي تتغير مدى ما دعت الضروره لذلك،ويتم مراجعتها كل فتره وأذا لوحظ ان هناك تعثر في أي مجال بسبب القوانين الخاصه بتلك المجالات يتم تغيير تلك القوانين وفق الحاجه والمتطلبات الجديده،وهذا يشمل كل المجالات ولا يستثنى أي مجال حتى الأقتصاد والمال فأن القوانين الخاصه بهما يتم تغيرها أذا دعت الضروره لذلك

تعتبر النظم الماليه في الدول الغربيه الكبرى وأمريكا من أقوى النظم ثباتآ وأستقرار ولكن عندما حدثت الأزمه الأقتصاديه عام ٢٠٠٨وما نتج عنها من ركود أقتصادي كبير هز أقتصاديات تلك الدول وظهرعجز مالي للحكومات هبت المراكز التعليميه والهيئات لدراسه أسباب الركود والعجز وخلال فتره قصيره قدمت مقترحاتها لتجاوز تلك الأزمه وتحريك أقتصاديات تلك الدول ومن ضمن مقترحاتها أعاده هيكله البنوك والمؤسسات الماليه في الدول الأقتصاديات الكبرى بأعاده سبل الأقراض المصرفي للمشاريع الغربيه ذات الصناعيه الكبرى وقطاع الأعمار والبناء،سن قوانين جديده هدفها تجاوز الركود الأقتصادي.
بالفعل طبقت بعض تلك الدول هذه البرامج وتمكنت من تجاوز الركود الأقتصادي ومشاكل أخرى وكانت ألمانيا الأتحاديه رائده في هذا المجال وبعض الدول الأخرى تحاول ان تتجاوز مشاكلها بعضها نجح بشكل بسيط والأخر في طريقه للنجاح،كله بفضل الدراسات المقدمه من تلك المراكز البحثيه والدراسيه.

جامعه الدول العربيه ومن خلال منضماتها المختلفه شكلت بعض المراكز أو الهيئات أو ما تسميه مجالس بحثيه للدراسات والبحوث هدفها هو أيجاد الحلول للمشاكل التي تعاني منها قطاعات مختلفه في البلاد العربيه مثل قطاعات الأقتصاد والصناعه والمؤسسات الماليه ومجال مكافحه الجرائم والنظم القانونيه في البلاد العربيه كذلك مجالات الزراعه والمشاكل السكانيه ومصادر المياه ومصادر الطاقه والنفط والغاز.
ولكن كل هذه المراكز والمجالس والهيئات خضعت للتجاذبات السياسيه بين الدول العربيه مما أفرغها من محتوى الفائده المرجوه منها لحد ما رغم بعض النجاحات التي حققتها تلك المراكز والهيئات والمجالس.كما ان كل مركز أو هيئه من تلك المراكز حاولت دوله عربيه معينه السيطره عليه والأستحواذ وتسيره وفق ما تراه وتنصيب معظم العاملين فيه من تلك الدوله،وهذا الأستحواض والسيطره لدوله معينه على مركز من المراكز أو مجلس أثبتت التجربه العمليه فشله
حيث لم تقدم هذه الهيئات العلميه الشئ المرجوا منها.
ان أشتراك مجموعه من الباحثين والدارسين العرب في هيئه واحده يكسبها نشاط ومنافسه يدفع بها للأمام.كل عالم أو باحث له تجربه خاصه جاء بها من بلده الأصلي أو تجربه أكتسبها خلال دراسته في الدول الغربيه أو أمريكا.مزج هذه التجارب أكيد له مردودات أيجابيه على مجمل البحث العلمي.
تجربه عمل الهيئات العلميه المرتبطه بالتعليم العالي في الدول الأوربيه من خلال الأتحاد الأوربي أثبت فعاليه ونجاح كبير حيث كانت الدراسات المقدمه من تلك الهيئات تؤخذ كمسار وخط عمل يقود في الغالب الى النجاح وحل

المشاكل والمعوقات التي تعاني منها دول الأتحاد الأوربي.صحيح ان المقارنه بين عمل الهيئات المرتبطه بالبحث العلمي في الدول الأوربيه وتلك العامله ضمن الجامعه العربيه من خلال مجلس جامعه الدول العربيه تعتبر مقارنه غير متكافئه.ولكن الصحيح أيظاً هو أن تعمل تلك المراكز بالأتجاه الصحيح وبما يكفل نجاحها،وتقديم المشوره والأرشاد لحل مشكلات الدول العربيه في المجال الأقتصادي والمالي والأمني والثقافي وكل المجالات الأخرى

أرتباط الهيئات او المراكز البحثيه بالجهات العليا للدوله يختلف من بلد لأخر.بالطبع ليس المطلوب ان تكون الأرتباطات أو السلم التنظيمي واحد في كل دول الشرق الأوسط أو الدول العربيه.أذ أن لكل دوله ضروفها وأمكانياتها البشريه والماديه والعلميه المختلفه،كما ان الهدف من حيث أنشاء تلك المراكز والهيئات مختلف.من هنا نرى ان بعض الهيئات العلميه والبحثيه ترتبط مباشره بمجلس الوزراء وليس وزاره التعليم العالي،كما ان هيئات أخرى في الدول العربيه نرى أرتباطها مباشراَ بمكتب رئيس الدوله وبطبيعه الحال مثل هذه الهيئات يكون عملها حساس ومهم وتهدف من وراءه أمور تسعى تلك الدوله إلى أخفاءه،لذلك هذه الهيئات تحصل على دعم مالي كبير ومراكز عاليه من الدوله.

وتجربه نصف قرن الماضيه تشير إلى ان كل ذلك الدعم وعدد سنين العمل يتلاشى بسهوله فنرى ان مثل هذه الهيئات تحل ويوزع منتسيها والعاملين فيها على الجامعات أو المراكز البحثيه.هذا دليل على ان ألأساس التي تم أنشاء مثل هذه الهيئات لم يكن صحيحاَ والتخطيط غير سليم.مثل هذه الأخفاقات في تشكيل الهيئات والمراكز البحثيه نراها في أكثر من دوله عربيه لذلك نوصي بالأتي.

في حاله التفكير من قبل أي دوله لأنشاء هيئه أو مركز أو مجلس للبحث العلمي على الدوله أولاَ تحدد الأهداف المطلوب تحقيقها من ذلك الأنشاء.

ثم على القائمين بالمشروع دراسه الأمكانيات البشريه والماديه للدوله.

دراسه الأيدي العامله وتوفرها وأحتياجات الهيئه من العاملين وأختصاصاتهم ومدى توفرهم بالبلد،دراسه الظروف البيئيه والمناخيه للبلد ومدى تأثيرها على عمل الهيئه،أختيار الموقع ومدى ملائمته مع الجهات الأخرى وأمور أخرى أكثر تفصيليه

كما ان بعض الهيئات والمراكز يكون المسؤول المباشر فيها له علاقه وثيقه برئيس الدوله أو أحد أقاربه وهو بذلك يحصل على كل الدعم،

أيظاَ بعد فتره زمنيه شاهدنا تفكك مثل هذه الهيئات أو أنتقال المسؤوليه إلى أشخاص أخرين،ونتيجه لذلك تصاب تلك الهيئات بالأهمال والتخلف.

حتى الهيئات الرياضيه يصيبها ذلك السلوك من سوء التخطيط.

هذه الأمور لا تحصل في الدول المتقدمه لأن ذلك يضر ضرراَ بليغاَ بالبلد وأقتصاده وتقدمه.

في العراق على سبيل المثال مجلس البحث العلمي بعد عمل ما يقرب ٣٠عام تم ما يشبه تفكيكه.وفي دول عربيه أخرى حصل نفس الشئ.
من الهيئات المرتبطه بالتعليم العالي والبحث العلمي ولها دور كبير بتخريج أعداد كبيره من الطلبه هي هيئه المعاهد الفنيه،في بعض الدول العربيه تأخذ أسماء مختلفه ولكنها تؤدي نفس الدور في تخريج كوادر وسطيه التعليم بين التعليم الجامعي والتعليم الثانوي أو الأعدادي من هذه المعاهد أو الكليات الفنيه كما تسمى في بعض الدول العربيه هي معاهد الهندسه التكنولوجيه،المعاهد الزراعيه الفنيه،المعاهد التجاريه(معهد التجاره) ، معاهد الفنون الجميله،المعهد العالي للموسيقى العربيه،معهد السينما والمسرح،معهد للمحاسبه وأداره الأعمال،معاهد الدراسات الأسلاميه،المعهد الفني للرسم والنحت،معهد السياحه العربيه.
الواقع يشير إلى ان كل بلد من بلدان الشرق الأوسط تنتشر فيه هذه المعاهد بأعداد كبيره فهي تنتشر في القسم الأكبر من محافظات كل بلد وهذا يؤدي بالنتيجه إلى تخرج أعداد كبيره ينظمون إلى جيش العاطلين عن العمل

والملاحظ ان هذه المعاهد تحتوي على أقسام متعدده،فكل معهد يضم في تشكيلته أقسام متخصصه لدراسات متعدده لها علاقه بالمعهد.فهذا نوع من التشعب في الأختصاصات أحياناً يكون زائداً عن الحاجه.
معاهد اعداد المعلمين كثيره الأنتشار في جميع دول الشرق الأوسط والعربيه وهي في بعض الدول ترتبط بوزاره التربيه وفي دول أخرى ترتبط بوزاره التعليم العالي وضيفتها تخريج معلمين للمدارس الأبتدائيه وهذه مهمه جداً للتغلب على الأميه في الدول العربيه ولأستيعاب الزياده السكانيه في عدد الأميين في جميع دول الشرق الأوسط والعربيه منها بوجه خاص ولو ان النسبه في عدد الأميين تختلف من بلد لأخر.التعليم أجباري للصغار ومثل معاهد المعلمين مطلوبه لأستيعاب تلك الأعداد ولكن هناك ضروره لتطويرها لأستيعاب الأساليب الحديثه في التعليم والتربيه

الفصل الخامس
Chapter Five

المنظمات والأتحادات الطلابيه وأنشطتها
Students Unions, Organizations and its Activities

نظره معمقه للوسط الطلابي في التعليم العالي وتكتشف نشاطات طلابيه متعدده في الجامعات والكليات والمعاهد.

تتشكل منها عدة تنظيمات وأتحادات طلابيه ولأن الوسط الجامعي شبابي فهو مفعم بالنشاط والحركه.

لهذا تسعى معظم الحركات السياسيه إلى تشكيل أتحادات طلابيه محاوله منها للسيطره على هذا الوسط وتحريكه متى تشاء.

فالأحزاب والحركات الحاكمه في جميع الدول العربيه والشرق أوسطيه لها تنظيمات أو أتحادات طلابيه تابعه لها تحركها سياسيآ على الساحه متى تشاء ولمصلحتها.

فهي في كل مناسبه تدفع جموع الطلبه إلى تظاهرات تأيديه للحكومات والأنظمه في دولها.

وفي المقابل فأن الأحزاب والحركات المنافسه أو الرافضه للسياسات الحكوميه تسعى لأيجاد أرضيه لها بين طلاب الجامعات أيمانآ منها بأهميه هذا القطاع وخطورته في تحريك الشارع الشعبي بالأتجاه المعارض والرافض.

تعج الساحه العربيه والشرق أوسطيه بتجمعات وتنظيمات طلابيه متعدده تعتنق أيديولوجيات مختلفه وفي كثير من الأحيان أيديولجياتها متناقضه.

فمنها الحركات الليبراليه ومنها الحركات الأسلاميه وضمنها حركات أسلاميه متطرفه،

وهناك تنظيمات ماركسيه وأخرى محافظه ويوجد أيظآ حركات وطنيه وأخرى ذات أتجاه قومي.

هذه التنظيمات والحركات كثيرآ ما تصطدم مع بعضها البعض نتيجه للتناقضات التي تحملها ولكن أحيانآ أخرى لها هدف مشترك واحد ضد النظام القائم فتراها تتوحد لذلك الهدف،

ولكن بعد زوال النظام وتغيره تبدأ التناقظات والصراعات مع بعضها.

وبالطبع كل ذلك نتيجه للتناقظات داخل المجتمع نفسه والاختلافات العرقيه والوطنيه والدينيه حتى ضمن الدين الواحد.

لأن المجتمعات العربيه متنوعه بطبيعتها من حيث هذه العوامل والمجتمعات نفسها والأفراد لم تصل إلى درجه من النضج والفهم لطبيعه هذه العوامل وأعتبار عامل الوطن هو الأهم وتطور الوطن ينبغي ان يكون هو الهدف

للحركات والتنظيمات الطلابيه ومن ورائها الهدف للأيديولوجيات والأفكار السياسيه التي تغذيها.
كل هذا ينعكس على التعليم العالي وتطوره لذلك نرى أنتكاسات متعدده في هذا المجال،
لهذا من الواجب ان يركز القائمون على التعليم العالي على التثقيف بالأتجاه الذي يجعل كل هذه الحركات الطلابيه يكون هدفها حمايه البلد وتطوره بغض النظر على الأختلافات الأيديولوجيه والسياسيه.
الدول القائمه في الشرق الأوسط يقودها في الغالب حزب حاكم ينفرد بكل نواحي الدوله.
وفي دول أخرى من دول الشرق الأوسط أنظمه ملكيه ينضم الحكم فيها عامل التوريث.
النوعين من الأنظمه تتشكل فيها أتحادات للطلبه يفترض ان تدافع عن مصالح الطلبه وتنظيم مطالبهم

تجربه نصف قرن الماضيه(القرن العشرين) أوضحت ان تلك الأنظمه التي ولدت عقب أنقلابات عسكريه أتحادات الطلبه فيها كانت تابعه بشكل كامل لتلك الأنظمه و ترى الأنحرافات والتخبط في سياساتها.
تخبط في الأقتصاد وتخبط في التخطيط لبناء بلدانهم وتخبط في كتم الأفواه والأبتعاد عن مفاهيم الديمقراطيه وحريه التعبير.
فهذه التنظيمات الطلابيه والأتحادات تابعه ومؤيده بدون نقاش لتلك الأنظمه الحاكمه.
وكانت النتيجه أن ولدت تنظيمات وأتحادات معارضه وتكونت مجاميع شبابيه ترصد التخلف والتخبط في السياسات القائمه لدولها وتحرك الشباب الجامعي ضدها فولدت ثورات الربيع العربي ونتيجه للتناقض في الأفكار والأيديولوجيات نرى تلك الأتحادات والتنظيمات بعد فتره أصطدمت مع بعظها وولدت الفوضى في بعض الأحيان.
ولكن من المؤكد بعد فتره زمنيه قد تطول أو تقتصر سوف تستقر الأمور لصالح تلك البلدان أذا ما سارت بالأتجاه الصحيح ولم تستحوذ حركه أو حزب على مقاليد ذلك البلد وتنفرد بالحكم عندها سوف تتكرر تجربه الأنقلابات العسكريه ولكن هذه المره عن طريق أخر.
حتى تمر فتره زمنيه نصف قرن أخرى ويضل البلد أو البلدان تتخبط والتخلف يبقى في كل نواحي الحياه ومنه التعليم العالي.
تلك الدول التي شكلت أتحادات وتنظيمات طلابيه جامعيه منحتها قوه وتأثير كبيرين أثرت على حركه التعليم العالي فقد عمدت على أشراك ممثليين من الطلبه في الهيكل التنظيمي للجامعات والكليات.
وكان صوت الطلبه مؤثر جداً وأحياناً يتدخل الطلبه في كل أمور التعليم العالي حتى المناهج وطرق التدريس وهذا عمل سلبي حيث لايمكن لهذه

الشريحه من الطلبه لديها الأمكانيات والفهم العلمي والعملي لتتدخل في سير التعليم العالي.
فحدثت تراجعات بينما لم نرى أو نطلع على تراجعات أو أنتكاسات للتعليم العالي في الدول الأخرى ذات الحكم الملكي
في دول أخرى من الشرق الأوسط العربيه منها لم تحضى الأتحادات والتنظيمات الطلابيه بالسلطه أوقوة التأثير رغم أنها تابعه للدوله والحزب الحاكم.
وفي هذه الحاله أصاب العمليه التعليميه الأنتكاس أيظآ حيث تم فقدان جانب مهم من العمليه التعليميه ألا وهو الطلبه.
وهذا الذي دفع قسم من التنظيمات والحركات الطلابيه إلى التطرف والثوره على الأنظمه التعليميه والقائميين عليها فأخذوا يطالبون بأزاحه عمداء ورؤساء جامعات من مناصبهم.

معظم الدول العربيه والشرق أوسطيه فيها التعليم مجاني فالدوله تأخذ على عاتقها توفير الأمكانيات الازمه للتعليم الجامعي ومن ضمنها السكن الجامعي فالدوله مسؤوله عن توفير الأقسام الداخليه للطلبه وهذه مهمه كبيره أثبتت التجارب أن الدوله في بعض الدول لم تستطيع توفير هذا الجانب بالشكل الجيد فتولدت مشاكل كبيره منها نقص السكن الجامعي وحتى المتوفر منها غير متكامل ويحتوي على نواقص كثيره.
فالدوله رغم أمكانياتها الكبيره لم تستطع التغلب على تلك المشاكل وكان دور الأتحادات والمنظمات الطلابيه عاجز عن أداء الدور المطلوب،
لم يتعدى دورها سوى المطالبه بتحسين ضروف الطلبه تلك دون جدوى حيث ان دور الأتحادات والمنظمات لم يكن من القوة الموثره التي تدفعها لتحسين أمور الطلبه كما ان أمكانياتها الماديه محدوده جدآ وظلت هذه المسأله مشكله كبيره يعاني منها عدد كبير من الطلبه والدوله معآ

بالمقارنه مع الدول الغربيه وأمريكا وأستراليا وكندا نرى ان الجامعات كل جامعه هي المسؤوله عن الأقسام الداخليه.
فالجامعه توفر سكن للطلبه مقابل أجور محدده معروفه مسبقآ للطلبه.
ومستوى الأقسام الداخليه ممتازه جدآ من حيث النظافه والتأثيث وقربه من أقسام وكليات الجامعه.
فالدوله غير معنيه بالسكن الجامعي للطلبه وأنما كل جامعه هي معنيه بسكن طلبتها.
الأتحادات الطلابيه في تلك الجامعات ليس لديها مشكله فيما يخص سكن الطلبه.
لابل تتوفر معلومات كافيه للطلبه من قبل الأتحادات تساعدهم في أيجاد سكن بديل أذا رغب الطالب في سكن خارج السكن التابع للجامعه.

فهناك عدة خيارات للطلبه أما السكن الجامعي أو مشاركه طلاب أخرين في سكن خارج المجمع السكني للجامعه كل ذلك يوفره الأتحاد الطلابي بالجامعه.

لعبت المنظمات والأتحادات الطلابيه دوراً هاماً في الدول العربيه والشرق أوسطيه في الحركات والأنتفاضات السياسيه التي حدثت في فترة الحكم الملكي والأنتداب البريطاني في فترة الثلاثينيات والأربعينيات والخمسينيات من القرن الماضي القرن العشرين.
حيث كانت تقود المظاهرات والأحتجاجات ضد أي قرار تتخذه الحكومات المواليه للأنظمه الملكيه والمواليه للأنتداب البريطاني حدث ذلك في مصر والعراق كما حدث كذلك في سوريا أيام سيطرة الفرنسيين وما بعد ذلك. وفي اليمن وشمال أفريقيا في الجزائر أيام الأحتلال الفرنسي وتونس وليبيا والمغرب،
كذلك حدث ذلك في دول الخليج والسودان ولبنان وأيران.
كانت المظاهرات الطلابيه تخرج عندما ترفض القوى الشعبيه السياسات والقرارات التي لاتوافق عليها وترى فيها ضرراً للمصلحه الوطنيه والقوميه. هذا الموقف تبدل بعد الأنقلابات العسكريه التي حدثت في معظم تلك الدول حيث تبدل موقف الأتحادات والمنظمات الطلابيه إلى مؤيد للحكم القائم عدا الحركات المعارضه التي لديها أتحادات طلابيه حيث كانت تحرك قواعدها الطلابيه ضد تلك الأنظمه ولكن كانت تجابه بالعنف والأعتقال وأحياناً بالتصفيات الجسديه

ليست كل الحركات السياسيه في الدول العربيه لديها تنظيمات طلابيه.ولكن تلك الحركات عندما تصل إلى الحكم والسلطه بطريقه أو أخرى تعمد إلى تشكيل منظمات وأتحادات طلابيه.

تعرضت الأتحادات والمنظمات الطلابيه إلى الأضطهاد والعنف في معظم الدول العربيه وقد قدمت ضحايا،وسجن وتعذب عدد كبيرمنهم نتيجه للصراعات السياسيه.
وكان العنف هو السبيل المتبع لأسكات الأصوات المعارضه لأنظمه الحكم. في حين كان يجب أتباع أسلوب النقاش والحوار بديلاً عن العنف،لأن العنف يولد الحقد والكراهيه ويدخل البلد في دوامه الأنتقام الذي ليس له نهايه وهذا ما حدث في تلك البلدان.
ونتيجه لذلك تفككت أتحادات ومنظمات طلابيه وحلت تنظيماتها وهاجر عدد كبير من قياداتها والطلبه إلى بلدان أخرى بحثاً عن الأمان ونتيجه لذلك فقدت بلدان الشرق الأوسط أبنائها ذو الكفاءات العاليه الجيده جداً.
والوقائع تشير إلى ان قسم من تلك الأتحادات والمنظمات الطلابيه في طول البلدان وعرضها أخطأت في عملها حيث لجئ بعض منها إلى العنف والتخريب نتيجه أندفاع بعض أعضائها ومغامره البعض الأخرمما أضر

بالحركات والأتحادات الطلابيه خاصه في التعليم العالي والجامعات والكليات المختلفه.
من المفيد ان تبتعد الأتحادات والمنظمات الطلابيه في عملها عن التدخل في المناهج الدراسيه للجامعات والكليات.
سير العمليه التعليميه يجب ان يترك إلى الكادر العلمي والأكاديمي المتخصص هو الذي يحدد ويديرها ومن الضروري والمهم الأطلاع على تجارب وسير العمليه التعليميه في التعليم العالي في الدول الغربيه المتطوره وأمريكا وأستراليا وكندا واليابان وغيرها من الدول المتقدمه.
لاضرر من أخذ أراء الطلبه من خلال أتحاداتهم ومنظماتهم الطلابيه لكي يتم أغناء العمليه ومعرفه المعوقات أن وجدت.
تفاعل الطلبه مع الكادر التعليمي له أيجايات لا يجوز غض النظر عنها.
في كثير من الأحيان تسلط الأتحادات والمنظمات الطلابيه الضوء على نواقص ترافق العمليه التعليميه في التعليم العالي وتسلط الضوء وتشير إلى خطط في غير محلها تقوم بها الجامعات والكليات،مع ذلك تصحيح الخطأ واجب لكي تسير العمليه التعليميه في أطارها الصحيح والجيد.

في مجال صرف التخصيصات الماليه للجامعات الواقع يشير إلى ان كثير من أوجه الصرف من قبل الجامعات والكليات لم تكن في محلها ومن المناسب تركيز تلك الأموال على ما هو مفيد في تطوير أساليب التعليم العالي ومصادره.
في هذا الجانب كانت ولاتزال الأتحادات والمنظمات الطلابيه تؤدي الدور المهم والفعال المطلب منها
الحركات والتنظيمات الطلابيه تشكلت في الغالب في الدول العربيه والشرق أوسطيه عن طريق تعليمات فوقيه من الحركه السياسيه أو التنظيم السياسي الذي ينوي تشكيل ذلك الأتحاد أو المنظمه الطلابيه.ولم يأتي من خلال حاجه قطاع الطلبه لتنظيم عملهم والنظر في مطاليب الطلبه والدفاع عن مصالحهم،ولا من خلال أنتخابات طلابيه.
قد تسمع ان هناك أنتخابات طلابيه لتشكيل أتحاد طلابي في كليه معينه ولكن في حقيقه الأمر هي ليست أنتخابات ديمقراطيه وأنما تعليمات تصل إلى كوادر تلك الحركات بأن أنتخب فلان.
وهذا بحد ذاته تلاعب وتحايل على العمليه الديمقراطيه للأنتخابات.
وفي غالب الأمر تحصل أصطدامات بين الطلبه من جراء هذه الممارسات.
ولكن هذا لاينطبق على كل الحركات والأتحادات الطلابيه الجامعيه في التعليم العالي.
حيث هناك بعض أوجه الأنتخابات الديقراطيه تقوم بها بعض المكونات السياسيه والأيديولوجيه

الذي يجب ان يحصل هو أنتخابات ديمقراطيه نزيهه في الوسط الجامعي يقوم

على أساس برنامج أنتخابي واضح محدد الأهداف،وطريق تطبيقه ممكن وينتخب له طلبه أكفاء نشطيين قادرين على تحمل مسؤوليه طموح جميع الطلبه في الكليه أو الجامعه المعنيه.
الكليه يجب ان تشرف على سير الأنتخابات الطلابيه لتشكيل أتحاد أو منظمه طلابيه عن طريق ممثليها من الأساتذه والكادر التعليمي ويجب ان تجري هذه الأنتخابات سنوياً.

تتكون ميزانيه الأتحاد من تبرعات الطلبه مع مساهمه الكليه أو الجامعه بنسبه محدده.
يكون للطلبه ممثليين في لجان الكليه المختلفه من ثقافيه وعلميه وأجتماعيه ورياضيه وغيرها.

المنظمات والأتحادات الطلابيه في التعليم العالي يمكن ان تلعب دور مهم جداً في تطوير التعليم العالي من خلال عملها فهي تستطيع أستطلاع أراء الطلبه في كافه المراحل الدراسيه في وجه نظر هم في سير العمليه التعليميه خاصه الطلبه في المراحل النهائيه من الدراسه الجامعيه يجب تركيز أستطلاع الرأي حول مدى فائدة كل ماده أو وحده دراسيه في مستقبل حياتهم العمليه أو في حاله أكمال دراستهم العليا. هذا من ناحيه ومن ناحيه أخرى فأن أستطلاع الأراء ومن خلال تحليل
النتائج يتم التوصل إلى أستنتاجات يمكن أن تكون مفيده في التخطيط لتطوير التعليم العالي.

كما يجب ان تقوم الأتحادات الطلابيه بعمليه كشف للمواهب والأمكانيات الجيده الطلبه.الأمكانيات العلميه في كافه المجالات وكذلك الأمكانيات الأخرى من مواهب ثقافيه أوفنيه او رياضيه.
تلك المواهب يمكن سقلها وتطويرها أذا تم أحتضانها والأهتمام بها.
هذه العمليه بلا شك تصب في مصلحه البلد وتطوره.
عمل الأتحادات والمنظمات الطلابيه الجامعيه يجب أن يكون متعاوناً بشكل تام مع الكادر الأكاديمي في الجامعات والكليات.ونقل أراء الأساتذه إلى الطلبه وتطبيقها خاصه تلك التي تهدف إلى تطوير التعليم العالي.
من واقع التجربه العمليه في التعليم العالي نرى ان هناك عدم مبالاه وعدم أهتمام من قبل الطلبه بمجمل العمليه التعليميه فهم لا يهتمون بالمحتوى الدراسي والمنهج العلمي والعملي.
الطلبه متلقون فقط لما يطرح عليهم إلا بعض الأستثنائات القليله جداً من قبل الطلبه.
هذا العدم الأهتمام وعدم المبالات يقود بلا شك إلى أنخفاض المستوى العلمي وركود في عمليه التعليم العالي.

فترى الطلبه في معظم الدول العربيه والشرق أوسطيه مهتمين بأمور ثانويه ولايبالون أو يهتمون بدراستهم أو تطويرها بستثناء طلبه بعض الكليات مثل الطب وطب الأسنان والصيدله وبعض أقسام كليات الهندسه أما بقيه الأختصاصات في الجامعه فعدم الأهتمام تراه واضح.

في هذا الجانب تقع المسؤوليه على الأتحادات والمنظمات الطلابيه لتغير هذا السلوك من قبل الطلبه ودفعه إلى أتجاه أخر مختلف تماماً بأتجاه يصب في مصلحه تطوير التعليم العالي،

هذا التغير في سلوك الطلبه يحتاج إلى توجيه من قبل أخصائيين في العمليه التربويه والتعليميه والنفسيه للتعليم العالي حتى يتم تحقيق النجاح فيه.

الطلبه في المجتمعات العربيه والشرق أوسطيه أصبحت همومها مشابه لتلك الهموم التي يعاني منها الطلبه في المجتمعات الغربيه وبقيه دول العالم المتقدمه وهي كيف يتم الحصول على فرصه عمل بعد التخرج والأستمرار فيها وتحقيق نجاح وبناء مستقبل لحياتهم

عدا دول الخليج حيث الأمكانيات الماديه الكبيره وعدد السكان القليل نسبياً وكذلك أهتمام حكوماتهم بدعم الخريجيين الجدد وأيجاد فرص عمل مناسبه لهم فهم لايعانون من مشكله البطاله.

لذلك فأن المستقبل سيكون حتماً بجانب تلك الدول الخليجيه وأبنائها.

الطلبه الجامعيون في دول الخليج عندهم معاناة ومشاكل من نوع أخر من غير نوع البطاله فهم في الغالب وأثناء دراستهم الجامعيه منشغلون بألعاب الكومبيوتر وأشكاله وأنواعه وبالأفلام السينمائيه وأفلام ال دفيدي وموديل السيارات وأنواعها وتطور الأزياء وما شابه ذلك،

كل هذه الأمور تبعدهم عن التحصيل العلمي الجيد وتطوير أنفسهم.

هنا يأتي دور الأتحادات والمنظمات الطلابيه في تغير هذا السلوك والأهتمام بالطلبه وتوجيههم بالأتجاه الصحيح الذي يخدم المجتمع والدوله وبالتعاون مع الكادر الأكاديمي في التعليم العالي.

واضح جداً من خلال تحليل عمل الأتحادات والمنظمات الطلابيه في التعليم العالي أنها تنقصها الخبره والتجربه ووضوح الرؤيا.فمعظم تلك الأتحادات في الدول العربيه والشرق أوسطيه تلمس التخبط في عملها وهي أسيره للتأثيرات الخارجيه سواءاً وطنيه أو أقليميه وهذا يجعلها تقع في مشاكل وعملها يرافقه التخبط والفوضويه.ولكن من الممكن تجنب تلك السلبيات من خلال الأهتمام بها وفسح المجال لها للأطلاع على تجارب الأتحادات والمنظمات الدوليه

لقد أثبتت التجربه ان جموع الطلبه خاصة الجامعيين لهم قوه وتأثير كبيرين يجب عدم الأستهانه بهم فهذه الجموع قادره على أسقاط أنظمه حكوميه بقيت فتره طويله تمارس خداع شعوبها.

كما ان تلك الجموع تمكنت من أسقاط دكتاتوريات عمدت على أسكات شعوبها بقوة السلاح والقتل والتعذيب.من هنا يجب الأستماع إلى صوت الطلبه الجامعيين لكونهم طليعه المجتمع الواعيه وهي سوف تتحمل المسؤوليه الوطنيه في بناء أوطانها في المستقبل.
وما تطرحه الأتحادات والمنظمات الطلابيه يجب ان يوقف عنده ويستحق وقفه تحليليه عميقه لكي نتمكن من أخذ الجيد والأيجابي وترك الضار وأقناع تلك الجموع الطلابيه بهذا السلوك الديمقراطي والراقي

لكي ندفع ونطور الأتحادات والمنظمات الطلابيه في التعليم العالي في دول الشرق الأوسط والدول العربيه يجب ان ننصحها ان تكون ذات منهاج وأهداف واضحه،والعمل على تحقيق ذلك من خلال العمل النشيط والدؤوب،والأبتعاد عن التقاطع بين الأتحاد الواحد،الأبتعاد عن المنافسه التي تتبع أسلوب أيقاع الأذى بالأخرين من أعضاء المنظمه والأتحاد الواحد.
المنافسه الشريفه مطلوبه وصعود الأكفاء إلى مراكز القياده مهم لتطوير الأتحاد أو المنظمه،
ولكن أتباع أساليب التكتلات والحفرللأخرين من أجل أيقاعهم في أخطاء ثم التشهير بهم بعد وقوع الخطأ من أجل أسقاط الأخرين من أعضاء الأتحاد أو المنظمه عمل يجب الأبتعاد عنه،التنافس غير الشريف دائماَ يوقع الأتحادات والمنظمات الجامعيه في مشاكل يبعدها عن تحقيق أهدافها المرسومه وهذه الممارسات موجوده مع الأسف في تلك البلدان مثلما موجود الفساد الأداري والمالي.لابل مثل هذه الحالات عندما تظهر في عمر الشباب الذين يعملون في الأتحادات المنظمات ربما تستمر معهم هذه التصرفات السلبيه وهو الذي يؤدي إلى الفساد الأداري والمالي عندما يعمل هؤلاء الأشخاص في مناصب حكوميه أو قطاع خاص.
الواجب التثقيف في أتجاه القضاء على حاله التنافس الذي يؤدي إلى أيذاء الأخرين ضمن الأتحاد الواحد او المنظمه الواحده في مجال التعليم العالي.

من سلوك الطلبه العاملين في الأتحادات والمنظمات الجامعيه في الدول العربيه والشرق أوسطيه أنهم يتصرفون وكأنهم أعلى منصباَ من الأساتذه الأكاديميين في التعليم العالي.فهم يتصرفون بتعالي وغرور وهذا أقل ما توصف به.وأن كل مايطالبون به يجب أن ينفذ من قبل أداره الجامعه أو الكليه وكذلك من التدريسين الأكاديمين.وهذا يؤدي إلى التصادم مع الأدارات الجامعيه والأساتذه.هذا سلوك خاطئ وسلبي ولم نصادفه في الجامعات الغربيه المتقدمه أو أمريكا وغيرها من الدول المتقدمه.
بخصوص هذا السلوك يجب ان يتم أفهام أعضاء الأتحادات والمنظمات الطلابيه وخاصه قادتهم ان لكل شخص له دوره ومقامه ولا يجوز التجاوز على الأخرين خاصه القائمين على عمليه التعليم العالي.لأن ذلك يقود إلى الفوضى والوقوع في مشاكل ليس لها أخر.

كما تعتقد القيادات الطلابيه في الجامعات ان لها الأفضليه عن بقيه الطلبه ولهذا يجب ان تكافئ عن دورها القيادي.وهذا خطأ أخر أذ ان عليها ان تقوم بواجبها طالما هي رضيت على نفسها التبرع لخدمه جموع الطلبه ولهذا لا تتوقع أخذ أمتياز نتيجه لتطوعها وعملها في الأتحادات والمنظمات الطلابيه الجامعيه

دور الأتحادات والمنظمات الطلابيه الجامعيه يجب ان يركز على الأهتمام بالطلبه،تشجيع الأبداء والأختراعات وتبنيها في اي مجال كان،أقامه مسابقات علميه وأدبيه للأختراعات وتطوير المؤسسات التعليميه من خلال أخذ أراء الطلبه في ذلك ومناقشه كيفيه أتمام وتطبيق ذلك.
دراسه المعوقات في العمليه التعليميه ومناقشه الحلول مع الأساتذه الأكاديميين في الجامعه،أبتكار الوسائل العمليه لجعل الطلبه أكثر أهتمام بالعلم والعمليه التعليميه مع مشاركه الكادر التعليمي في ذلك.الأحتكاك مع الأتحادات والمنظمات الطلابيه في الدول المتقدمه وأقامه زيارات متبادله بينهما ودراسه الأختلافات الثقافيه والأجتماعيه في كل مجتمع.كل هذا الدور يساهم في تطوير التعليم العالي في تلك الدول

الفصل السادس
Chapter Six

المناهج الدراسيه من حيث الواقع ومتطلبات التطور
Curriculum its Present Status and the Requirement Development

واقع الحال يشير إلى ان هناك عدد كبير من الجامعات والمعاهد العاليه للتعليم العالي في كل بلد من البلدان العربيه والشرق أوسطيه.
هناك أكثر من خمسين جامعه ومعهد في كل بلد قد يزيد أو يقل هذا العدد من بلد لأخر.
وكل جامعه من هذه الجامعات تحتوي على عدد كبير أيظآ من الكليات التابعه لها.
وهذه الكليات فيها أقسام عديده.
ولكن هناك تشابه وتطابق في مفردات المناهج التعليميه لكل ماده في الكليات المتشابه والأقسام المتشابه ضمن البلد الواحد لأن كل جامعه في البلد الواحد تسير ضمن منهج موحد تقره وزاره التعليم العالي فيها.
ولكن هذه المفردات للمناهج قد تختلف من بلد لأخرفي البلاد العربيه وقد تتشابه لحد كبير.
دراسه مناهج كل ماده ومقارنتها بكل دوله عمل شاق وكبيرجدآ لكي نصل إلى أستنتاج وتحليل ومقارنه تلك النتائج مع مناهج ومفردات تلك الماده في الدول المتقدمه والمتطوره سواءآ كانت غربيه أو شرقيه.
ربما يقول قائل ان ذلك ممكن وذلك بأخذ كل تلك المعلومات من المنظمات الدوليه التابعه للأمم المتحده مثل منظمه اليونسكو.هذا الأفتراض صحيح ولكن الأصح أن يتم الأطلاع مباشره على مفردات كل منهج لكل ماده مباشره من الجامعات والكليات في كل دوله عربيه وشرق أوسطيه ومقارنتها مع بعضها.
هذه العمليه أصبحت الأن في يومنا هذا سهله حيث ان الأنترنيت يبسط لنا تلك المهمه وذلك من خلال الذهاب للوبسايت لكل جامعه من جامعات الوطن العربي ودراسه ماهيه المواد والمفردات التي يتم تدريسها في كل جامعه وفي كل بلد.
مهما كانت طريقه الوصول إلى أخذ المعلومات المطلوبه لمفردات المناهج التعليميه فأن النتيجه ممكنه وهي قيام دراسه تحليليه وتفصيليه لتلك المناهج الدراسيه ومعرفه مدى مواكبتها للتطور العلمي أم عدمه.
المناهج الدراسيه في البلاد العربيه متشابه لحد كبير لكل مرحله من مراحل الدراسه ولكل قسم أو كليه متشابه.

قسم من المفردات تدرس باللغه العربيه في بلد بينما في بلد أخرتدرس نفس الماده باللغه الأنكليزيه أو الفرنسيه.
عموماَ هناك جامعات وكليات المناهج الدراسيه فيها مستحدثه بمعنى يضاف للمنهاج العام والمفردات العامه المتشابه تضاف مفردات حديثه ومتطوره، هذه المفردات وصلت حديثاَ إلى تلك الكليات والجامعات من خلال المتابعه لأحدث البحوث العلميه والأدبيه وعليه تم أضافتها للمفردات العامه ولهذا السبب نرى ان تسلسل الجامعات والكليات من حيث الرقي والتدرج العلمي يختلف من جامعه لأخرى ومن بلد لأخر

المطبق حالياَ في كافه الدول العربيه والشرق أوسطيه أن الأستاذ او المدرس الجامعي ملزم بأتباع المنهج والمفردات المقره من قبل وزاره التعليم العالي والأستاذ ملزم بأكمال تلك المفردات خلال السنه الدراسيه أو الفصل الدراسي الواحد.
هنا في هذا السياق فأن تحديث المنهج أو أظافه مفردات جديده للماده يكون صعب وأحياناَ غير ممكن.
هذا السياق يجب ان يتغير اذا ما أويد للتطور العلمي ان يحدث وتكون تلك البلدان مواكبه للتطور العالمي في العلم وفي كافه مجالات الحياة الأخرى.
واقع الحال يشير ان بعض المناهج الدراسيه في الدول العربيه متأخره بعض الشئ عن الركب العالمي فهم يدرسون مفردات منهاج قديمه تدرس تلك المفردات في الدول الغربيه المتقدمه في مراحل دراسيه أوليه بمعنى ان المناهج التي تدرس في الجامعات في دول الشرق الأوسط تدرس في الدول الغربيه في المدارس الثانويه والأعداديه.
للحقيقه نقول هذه المسأله ليست عامه في كافه الدول.
في بعض الدول العربيه تكون المناهج الدراسيه تماماَ مثلما تدرس في الغرب وأمريكا وهذا هو المفروض والمطلوب.
الأستاذ الجامعي والمدرس الجامعي يجب ان يعطى الحريه المطلقه في تحديث الماده التدريسيه.
نعم هناك منهج معد من قبل الوزاره ولكن الأستاذ يستطيع ان يضيف ويحذف بعض المفردات ان وجد ذلك ضرورياَ ومتماشياَ مع العلم الحديث.
ولايمكن الأنتظار لمدة خمس سنوات لحين أنعقاد مؤتمر عام للمناهج لكي تتغير المناهج نحو المناهج الجديده.
الغالبيه العظمى من الأساتذه الجامعيين يعملون على تحديث محاظراتهم كل عام دراسي رغم ان المنهج ومفرداته باقيه كما هي

مفردات الماده الدراسيه الجامعيه في المنهج المقرر توزع عادة بين عدد من الأساتذه أما اذا كان هناك أستاذ متخصص بالماده فالأستاذ يقوم بتدريس ذلك المنهج كله وعلى مدار السنه أو الفصل الدراسي الواحد من السنه وهذه الحاله عادة تكون في الكليات الأدبيه والفنيه أما الدراسات العلميه فنادراَ ما ترى

منهج دراسي واحد مفرداته متخصص بها أستاذ واحد لذلك يشترك عدد من الأساتذه في تدريس مفردات ذلك المنهج هذا هو واقع الحال في الجامعات العربيه ودول الشرق الأوسط الأخرى.وهو معمول به كذلك في الدول المتقدمه.
تطوير المنهج للماده الواحده بمفرداتها بي أظافه أو حذف يعتمد على الأستاذ نفسه ولكن هذا الأعتماد مقيد بالدول العربيه والأستاذ لا يستطيع الخروج عن المنهج كما سبق ذكره وهذا ما يؤخر تطور العمليه التعليميه الجامعيه وهو غير موجود في الجامعات الغربيه حيث ان الأستاذ يعمل على حذف وأظافه وتبديل أسم ومعنى ومحتويات الماده التي يدرسها كل عام وأحياناً كل فصل دراسي وهو أسلوب مهم يجب أتباعه في الدول العربيه والشرق أوسطيه لأجل تطوير التعليم العالي.

من خلال دراسه تفصيليه للمناهج الدراسيه في الدول العربيه ومن خلال بحث مفردات تلك المناهج مع عدد من أساتذه يعملون في عدد من الدول العربيه تم الأستنتاج على ان مفردات المنهج الواحد غير كافيه وهي ناقصه تحتاج إلى أظافه مفردات جديده أخرى وهذا الأستنتاج عام لكل المواد التدريسيه.
كما ان تلك المفردات المطبقه فيها مفردات سطحيه وتعتبر مقدمات تدريسيه.
كما وقسم منها تكرار لما يدرس في الثانويات والأعداديات المدرسيه.
هنا نحتاج إلى وقفه وتأمل ودراسه لتحديث وأضافه مفردات جديده مواكبه لما وصل أليه العالم.
الجانب الأخر الجدير بالأهتمام والتركيز عليه هو ان عدد من القائمين بتدريس المواد الجامعيه غير أكفاء وليسوا بالمستوى العلمي المطلوب.
وهذا الأستنتاج لم يأتي من فراغ بل من خلال مشاهدات وزيارات.
والتعليل الذي تسمعه هو عدم وجود كادر تدريسي والنقص الحاد في الكوادر العلميه وهذا صحيح في الوقت الذي تجد كفاءات ممتازه عربيه ومن دول الشرق الأوسط الغير عربيه في الدول الغربيه والدول المتقدمه ولكن الذي يمنعها من العوده لأوطانها هي عوامل متعدده ليست مجال بحثنا.
الذي يهم هو تطوير العمليه التعليميه الجامعيه في الدول العربيه وكذلك دول الشرق الأوسط الغير عربيه بما موجود من أمكانيات وكفاءات متوفره مع تشريع النضم والقوانيين الكفيله بدفع عمليه التطور

وتشريع النظم والقوانيين مسأله في غايه الأهميه.حيث النظم التعليميه القائمه والتشريعات الحاليه هي أساس التخلف وأساس عدم تطور التعليم العالي والبحث العلمي.
يجب ان يتم تشريع قوانيين كفيله بالتغير المطلوب.
وقبل هذا يجب ان تتم دراسه القوانيين المعمول بها حالياً وتشخيص تلك التي تؤثر سلباً على التعليم العالي والعمل على أيقافها وأبطالها من التنفيذ وتجميدها.

ثم يتم الشروع بتشريع قوانيين بديله مسايره مع التطور العلمي الحالي.
نفس الشئ يعمل بالنسبه للنضم والتعليمات الجامعيه وتعليمات التعليم العالي والبحث العلمي.
تدرس وتغير كلياً او بعض منها لما فيه مصلحه التطور العلمي.اذاً الأساس هو خطأ فيجب تصحيح الخطأ لكي نضمن سلامه مسيره التعليم العالي والبحث العلمي.
بعض المناهج الدراسيه الجامعيه ومفرداتها قديمه يصل بعضها من القدم إلى ثلاثين سنه أو عشرين إلى الوراء.
وهذا الوضع غير صحيح أذ ان العلم يومياً يتطور ويومياً هناك أفكار وبحوث ودراسات تنشرفي مجلات عالميه مرموقه تشير كل تلك الدراسات إلى أكتشافات حديثه أو أثبات أفكار وأبحاث جرى الأعتماد عليها سابقاً ولكن الأن تغير المفهوم نتيجه تلك الدراسات الحديثه.
على سبيل المثال كان الثابت علمياً ان هناك عشرين حامض أميني تدخل في تركيب البروتين ألأن تم أكتشاف حوامض أمينيه أخرى تدخل في تركيب البروتين.بينما تلك المناهج الدراسيه ومفرداتها تدرس لحد الأن على المنهاج القديم في بعض من جامعات وكليات الدول العربيه والشرق أوسطيه الغير عربيه.

الواقع الحالي ونحن في العقد الثاني من القرن الواحد والعشرين يشير إلى ان مفردات الماده الدراسيه الواحده لم تواكب التطور العلمي الحاصل فجميع تلك المفردات المنهجيه في الغالب وفي أغلب الأختصاصات هي مفردات لأسس علميه تم التوصل اليها في خمسينيات القرن العشريين أي ان الدول العربيه والشرق أوسطيه تدرس مفردات مناهج مضى عليها خمسه وسبعون عام.
لم نلاحظ مفردات ماده واحده تتطرق إلى ما تم أكتشافه في الأبحاث والدراسات العلميه والأدبيه حديثاً خلال فتره العقد الأول من القرن الواحد والعشرين.
وان وجدت حاله واحده أو عدد قليل من الحالات فهي أستثناءات قليله ونادره.
في علم الكيمياء،الفيزياء،الهندسه بأقسامها المختلفه،علوم الحياة،والبايولوجيا، في الفلك وفي الموسيقى والفن،والتمثيل لايوجد تحديث او تطرق لما وصل اليه العلم حديثاً
المطلوب هو تدريس مفردات ذات علاقه بأخر ما توصل له العلم الحديث من النظريات والأفكار المختلفه في كل مفرده دراسيه.
الأتفاق والأختلاف بين الباحثين والدارسيين في النظريات والأفكار الحديثه مهمه يجب ان يتطرق اليها التدريسي.
وهي عمليه ليست سهله ولكنها مهمه جداً لكي تضع الدول العربيه والشرق أوسطيه أقدامها في الطريق الصحيح للتطور العلمي.
المفروض ان مهمه الأستاذ الجامعي والأكاديمي في التعليم العالي هي متابعه ودراسه كل ما يتوصل اليه الباحثون في مجال أختصاصه.

كذلك مسأله المشاركه في المؤتمرات الدوليه مسأله في غايه الأهميه الهدف من المشاركه الأطلاع على البحوث ومتابعه أخر مستجدات العلم ومجالاته ، البحث في العلم الحديث والمشاركه تدفع الباحثين للبحث والدراسه ، يجب ان تشجعها الوزاره والجامعه.
مع توفر أمكانيات الانترنيت أصبحت مهمه الباحثين والدارسين سهله.فالتواصل مع الأخرين من الباحثين والدارسين في أي مجال أصبح سهل وممكن من خلال النترنيت .Website
يمكن البحث عن كل شئ في مجال التطور العلمي وسير البحوث والدراسات العلميه والأدبيه.
يتم التطرق وتدريس أفكار ونظريات وكذلك نتائج بحوث حديثه تم الأتفاق عليها بين أغلب الباحثين ، التطرق اليها في التدريس الجامعي وضمها للمنهاج كمفردات تدريسيه ولمزيد من الفائده يمكن عرض المفردات الجديده المضافه على تدريسي الأختصاص المعني للمشاكه في الرئ.
هذه الديناميكيه في التدريس الجامعي للتعليم العالي يبعث على التطور العلمي ويجب ان يطبق لا ان ننتظر خمس سنوات أو أكثر من أجل عقد مؤتمر للمناهج الدراسيه الجامعيه لتقرير ضمها من عدمه للمفردات المقرره.
المفردات يجب ان تأخذ طريقها للتدريس حال الأقتناع بها من قبل التدريسيين.
ان تدريس المفردات الحديثه الأفكار المضافه مفيد جداَ لكي يعمل الباحثون الجدد أو طلبه الدراسات العليا على دراستها كما انها مفيده من ناحيه التواصل مع بقيه الباحثين في دول العالم المختلفه في مجالات الأبحاث والدراسات.

في مجالات الدراسات العليا للماجسير والدكتوراه فأن الدول العربيه والشرق أوسطيه تتبع أما النظام الأمريكي أو الغربي البريطاني في الغالب.
ذلك ان دراسه الماجسير اما ان تتم خلال سنه واحده يدرس الطالب خلال السنه مفردات مناهج تشمل أختصاصه ثم بعد أنتهاء الفصل الدراسي يقوم الطالب بعمل بحث محدد يقدمه مكملاَ للنجاح الذي حققه في دراسته خلال الفصل الدراسي.

أما دراسه الدكتوراه فهي تتبع نفس النظام أعلاه أي فصل دراسي أو سنه دراسيه كامله وبحث ولكن البحث في الدكتواه يفترض ان يكون مفصل وذو أفكار حديثه.
طالب الدكتوراه يقوم بلبحث لمده لاتقل عن ثلاث إلى أربع سنوات على الأقل يقدم أطروحه الدكتوراه Thesis

المناهج الدراسيه لطلبه الدراسات العليا الماجستير والدكتوراه تقر من قبل لجنه للدراسات العليا في القسم المعني.

تقر اللجنه المواد المطلوب تدريسها دون الدخول في مفردات تلك الماده.المفردات المنهجيه تترك للأستاذ،هو الذي يقرر تلك المفردات حسب علاقه تلك المفردات بموضوع البحث المستقبلي أينما كان ذلك ممكناً أو من حيث مدى شمول المفردات وعلاقتها بموضوع الدراسه سواءآ للماجستر او الدكتوراه.

وهناك فرق يجب ان يكون بين الدراستين حتمآ،الدكتوراه أكثر تعمق وتوسع وشموليه من الماجستير.

ليست جميع الدول العربيه والشرق أوسطيه لديها أمكانيه لفتح دراسات عليا للماجستير أو الدكتوراه.هناك عدد محدود من تلك الدول تمنح تلك الشهادتين.الغالبيه العظمى من هذه الدول تقوم بأرسال طلبتها إلى جامعات عالميه في أوربا وأمريكا وأستراليا وكندا واليابان وبقيه دول العالم.

أن هذه الدول في قيامها بعمليه أرسال طلبتها في بعثات للخارج هدفها تكوين كادر وطني فيها مؤهل لقيادة البلد في مختلف الأختصاصات.ومن المفيد لتلك الدول أن تحدد أحتياجاتها من الأختصاصات المطلوبه لحمله الشهادات العليا وأختيار جامعات جيده عالمياً.

بعض من تلك الدول تعمد إلى أرسال طلبتها إلى جامعات عربيه في الشرق الأوسط لديها أمكانيات للدراسات العليا لغرض دراسه الماجستير والدكتوراه.وهذا المنهج أو البرنامج لا ضرر فيه فهو مفيد من حيث تقويه الروابط الأجتماعيه والعلميه بين تلك الدول.وهناك عدد من خريجي الجامعات العربيه مشهود لهم بالكفاءه العلميه والتفوق البحثي.المطلوب من الدول التي فيها أمكانيه لأستقبال بعثات من دول عربيه أخرى وشرق أوسطيه تكثيف تلك الدراسات وتعميقها من خلال المناهج والمفردات التي تدرس لنيل الشهادات العليا.تلك المناهج والمفردات يجب ان ترقى للمستوى العالمي الجيد وتتبع أسلوب حديث بالبحث والدراسه من حيث الموضوعات الدراسيه،ومن حيث الأمكانيات العلميه من أجهزه ومختبرات ومصادردراسيه،والعمل على تضليل كل الصعوبات أن كانت موجوده.

هناك فائده كبيره من هذا التواصل بين الدول العربيه والشرق أوسطيه التواصل الذي يسمح بأستقبال طلبه بعثات للدراسه في دول مجاوره مع بعضها أو قريبه تلك الفائده تتحدد وتظهر من خلال دراسه وبحث المشاكل والمعوقات التي تجابه تلك الدول.لأن ضروفها تقريباً متشابه من حيث المناخ والجغرافيه والأمراض الوبائيه ومستويات الأنتاج والوضع الأقتصادي والمالي لتلك الدول كذلك تشابه اللغه والدين ومكوناتها.

كل ذلك يجعل الفائده أكبر في معالجه أي موضوع بحثي للدراسات العليا

غالبآ الطلبه المبعوثين من الدول العربيه والشرق أوسطيه للدراسات العليا في جامعات العالم المختلفه يحصلون على الشهاده المطلوبه وهذه بحد ذاتها تعتبر بدايه الطريق لهم،

فهؤلاء بعد الحصول على الشهاده يعملون أما في مجال التعليم العالي أو في مجالات أقتصاديه أو بنوك أو مؤسسات ماليه أو مجالات السلك الدبلوماسي أو القضاه والمحاكم كلها لها عوامل مشتركه بين الدول العربيه.
فهؤلاء الخريجين والحاملين للشهادات العليا عندما يبدأون حياتهم العمليه في بلدانهم مطلوب منهم أيجاد حلول ودراسه لمختلف المواضيع التي تحتاج إلى حلول وتطوير بلدانهم.حيث هم الذين يعتمد عليهم لتطوير بلدانهم وأول خطوه مطلوبه هي دراسه واقع حال كل مجال يعملون به وتشخيص الأيجابيات والسلبيات فيه ووضع برامج لحل ومعالجه الأمور السلبيه كل في مجاله وأختصاصه.ولكن غالباً ما يصطدمون بواقع مختلف عما يحلمون بتطبيقه أما بسبب القوانين والنظم في بلدانهم التي غالباً ما تقف أمام طموحاتهم وبرامجهم البحثيه والدراسيه.او يصطدمون بالبيرقراطيه في الهيكل الوظيفي الذي يعملون به وهذا عائق ثاني لطموحاتهم.أو بسبب عدم توفر الأمكانيات البحثيه والدراسيه في بلدانهم،وعائق رابع هو عدم توفر فهم المجتمع الذي يعملون فيه لبرامجهم البحثيه والدراسيه وقد يفهم البعض بحوثهم على انها أمور غير مهمه وكماليه وخياليه لايمكن تطبيقها.
كل هذه الأمور معوقات أمام عملهم. وهي تختلف من بلد لأخرمن بلدان الشرق الأوسط ، ولكنها تختلف من حيث الأولويه في تسلسلها وتأثيرها ولكن كلها عوامل موجوده هناك ومؤثره تأثيراً كبيراً على عمل حمله الشهادات العليا ، لذلك نرى ان عجله التطور والتقدم تراوح في مكانها تقريباً عدا أستثنائات هنا وهناك.
من المفيد جداً ان تدخل هذه العوامل في التدريس ضمن المفردات الدراسيه بشكل أو بأخر وحسب طبيعه المجتمع والبلد.حتى لو تم أستحداث وحدات خاصه بها.
على وزارات التعليم العالي والبحث العلمي في الدول العربيه أتخاذ الوسائل الكفيله بأيجاد حلول ومعالجات لتلك المعوقات لأنها فعلاً تقف عائق في وجه التطور أذا ما أوريد له ان يتحقق.

مسؤوليه تطوير المناهج الدراسيه ومفرداتها في التعليم العالي تقع على عاتق الأساتذه والأكاديميين في التعليم العالي ، ولكن يجب ان يمنحوا الفرصه للقيام بذلك من خلال النضم والتشريعات المناسبه والدعم الوظيفي.
في بعض الدول العربيه الضروف مناسبه ومتوفره لأحداث تغيرات واسعه متكرره في المناهج والمفردات الدراسيه وهذا هو المطلوب.ولكن في دول أخرى نرى هناك جمود في المناهج والمفردات وهنا مطلوب التغيير.
عموماً فأن عمليه التغير لا يقوم بها شخص أو أثنين بل يجب ان يتفق مجموعه من الأساتذه الأكفاءه المتابعين للتطورات حول العالم هذه المجموعات المشكله هي التي تأخذ على عاتقها مهمه تحديث المناهج والمفردات سنوياً أخذين بالأعتبار أراء بقيه الأساتذه والأكاديميين بنفس الأختصاص لكي يضمن ان التحديث يهدف إلى تطوير التعليم العالي وتطوير

الخريجين وتزويدهم بالمعلومات والدراسات المهمه في حياتهم العمليه كانت أم الدراسيه أو البحثيه.
أشراك الطلبه في هذا المجال محدود الفائده عدا أشراك طلبه الدراسات العليا ممكن الأستفاده من أرائهم في المناهج والمفردات الدراسيه على ان تكون للأستطلاع من قبل الجان المكلفه بتحديث المناهج الدراسيه.ولا ضير أذا وجدت بعض الأفكار والأراء المفيده مع الأخذ بها ووضعها في البرامج المعده للتحديث.
يجب الأشاره هنا الى ان تحديث المناهج والمفردات الدراسيه للدراسات الثانويه والأعداديه هي مهمه ايظآ لتجنب حدوث فجوه كبيره بين الدراسه الجامعيه والدراسه لما قبل الجامعه

الفصل السابع
Chapter Seven

الدراسات العليا وتوفير الكادر المطلوب
Higher Education Requier Academic Staff

الدول العربيه والشرق أوسطيه بحاجه إلى حمله شهادات عليا لكي تأخذ دورها في تطوير البلد وتطوير التعليم العالي.فأذا أخذنا نسبه حمله الشهادات العليا إلى نسبه السكان في كل بلد نجدها متواضعه جداً.صحيح ليس المطلوب ان يكون المجتمع كله حمله شهادات عليا لكي يتطور أي بلد كان.ولكن على الأقل النسبه المعقوله ضمن سكانه ضروريه لكي تأخذ على عاتقها المهام الصعبه في تطوير بلدان ذات أقتصادات جيده وأمكانيات ومصادر طبيعيه ممتازه ولكنها غير مستغله بشكل أمثل.نحن نتكلم هنا عن نوعيات جيده وممتازه وعلماء في أختصاصاتهم لكي يتحقق ما نطالب به من تطور بشتى المجالات وأولها ربما التعليم العالي.السبيل لتوفير حمله الشهادات العليا يتم أما بأرسال بعثات وزمالات وأجازات دراسيه لطلبه وموظفين من تلك الدول إلى مختلف دول العالم.وفي هذا الجانب ان الأتجاه السياسي وقاده كل بلد يلعبون دور في أختيار البلد التي ترسل إليه بعثات وزمالات وإيجازات دراسيه،فقسم من تلك الدول تعمد إلى أرسال طلبتها إلى روسيا أوالهند أوالجيك أوسلوفاكيا بينما تعمد دول أخرى إلى أرسال طلبتها لأمريكا وبريطانيا وكندا وفرنسا وألمانيا وأستراليا وهكذا.وهذا الأتجاه في أرسال الطلبه له مردودات على تنميه كل دوله من تلك الدول الشرق أوسطيه.
السبيل الثاني هو أعتماد تلك الدول على تخريج طلبه دراسات عليا على ذاتها وأمكانياتها العلميه والتكنولوجيه.وفي هذا المجال هناك عدد قليل جداً من دول الشرق الأوسط لها تلك الأمكانيه فاالغالبيه العظمى لديها نواقص في عدد حمله الشهادات العليا.وليس لديها أمكانيه فتح أو توسيع دراسات عليا عدا مصر والعراق فلديهما تلك الأمكانيه.ومع ذلك فهم أيظاً بحاجه إلى أرسال طلبه للدراسات العيا خارج بلدانهم لغرض الأحتكاك والتعرف على تجارب الأخرين ومواكبه التطور العالمي وهذه الأمور ضروريه وهاتان الدولتان تعملان بهذا الأتجاه وهذا شئ جيد

الملاحظ ان توفير الأعداد الكافيه من حمله الشهادات العليا يستغرق وقت طويل حيث عملت هاتان الدولتان العراق ومصر على أرسال طلبتها للخارج للتعليم والحصول على شهادات عليا منذ خمسين عام ولازالت ترسل تلك البعثات فألى متى يتم أكتفائهما ذاتياً؟ يبدو ان ذلك لايتم بالمستقبل المنظور.والسبب هو ان قسم لايستهان به من تلك البعثات أو الطلبه لايعودون لبلدانهم والكل يعرف السبب وراء ذلك وهو عدم الأستقرار السياسي ،

ومستوى المعيشه ، وتوفير الخدمات ، والصحه وحريه التعبير عن الرئ ، والنظم التعليميه ، والتشريعات القانونيه وغيرها.
كما ان زياده السكان خلال الخمسين سنه الماضيه هذه الزياده القت بتأثيرها على النسبه المؤيه لكادر الدراسات العليا نسبه إلى سكان كل بلد.

من الناحيه الأقتصاديه فأن بلدان الشرق الأوسط تتكلف بمبالغ كبيره في سبيل تعليم أبنائها ، قسم من تلك البلدان لا تستطيع تحمل تكاليف تلك النفقات أذا ما أرسلت أبنائها بأعداد كبيره.لذلك تلعب عوامل مختلفه بأرسال تلك الأعداد القليله للدراسات العليا عوامل المحسوبيه والعشائريه والسياسيه وهذا يؤثر على نوعيه الطلبه المرسلين للدراسات العليا فاالنوعيه ليست بالمستوى المطلوب وهؤلاء بعد تخرجهم تكون أمكانياتهم محدوده جداً في التطور العلمي الذي نتحد ث عنه.أظافه إلى ذلك فأن أولئك الطلبه المبعوثين في بحوثهم ودراساتهم يعملون للحصول على الشهادات العليا في تلك البلدان على حل وأيجاد أجوبه لمشاكل ومواضيع تعاني منها تلك الدول على الرغم من ان العالم أصبح متواصل مع بعضه والدراسات أصبحت مركزه على أيجاد حلول لمشاكل ومواضيع تكاد تكون مشتركه بين دول العالم.
ولكن عوامل مثل الجغرافيه والمناخ ونظام التغذيه وطبيعه نوعيه البشر تلعب دور مهم في أختلافات نوعيه وموضوعيه بين بلد وأخربمعنى دراسه أي مشكله أو البحث عن أي حل لموضوع معين يجب ان تأخذ بنظر الأعتبار تلك العوامل ويجب ان تجري مثل هذه الدراسات في بلدان الشرق الأوسط نفسها وهذا ما لا توفره دراسات الطلبه خارج بلدانهم عدا عدد محدود ربما يقوم بزيارات لبلدانهم لجلب بعض المعلومات أو الأحصائيات عن موضوع معين.بمعنى ان أقامه دراسات عليا وتطويرها في بلدان الشرق الأوسط نفسها له فوائد كبيره على تلك البلدان من نواحي كثيره بحثيه وأقتصاديه وأجتماعيه وماليه

في واقع حال كهذا من الأفضل والأنجح البدأ بقبول طلبه الدراسات العليا يشرف عليه الكادر الأكاديمي المتوفر حالياً في كل بلد مع توفير كل الأمكانيات الماديه والتكنولوجيه والبحثيه لهذه الدراسات بما يكفل نجاحها وأستمرارها على الوجه الأكمل مع أشراك أساتذه من دول متقدمه للأشراف المشترك مع أساتذه كل بلد معني بالشرق الأوسط.
الأستاذ المشترك من الدول المتقدمه يتم أقتراحه من الأستاذ الوطني المشرف على الدراسه ويجب ان يتم توفير مستلزمات للأستاذ الزائر الأجنبي من تكاليف أقامه وسفر.الأستاذ المشترك الأجنبي قد يقوم بزياره بلد الشرق الأوسط مره في السنه أو أكثر حسب الحاجه وتعالج في مثل هذه الدراسات العليا مواضيع تهم بلدان الشرق الأوسط مع خبره الدول المتقدمه عن طريق الأشراف المشترك للأستاذ الأجنبي الزائر.هذا الأسلوب في التعامل من شأنه توفير عوامل مفيده عده للبلدان العربيه فهو يجعل تلك البلدان على أتصال

وأطلاع مباشر بالتطور الحاصل عالمياً ، تقويه الروابط بين الأساتذه العرب والأجانب وهذا ينعكس على أمور كثيره مثل تبني وجه النظر العربيه في مسائل عالميه ، أطلاع الأساتذه الأجانب على واقع وحياه وطبيعه المجتمعات العربيه ، تقويه الروابط بين الجامعات في الوطن العربي والدول الغربيه والعالميه المتطوره.كذلك يشجع على تطبيق النظم التعليميه في مجال التعليم العالي تلك النظم المطبقه في الدول المتقدمه وتطبيقها في الدول العربيه مع الأخذ بنظر الأعتبار الأختلافات الأجتماعيه والطبيعه والجغرافيه والمناخيه ان لزم الأمر

من ناحيه طلبه الدراسات العليا يمكن أرسالهم إلى بلد الأستاذ الأجنبي الزائر لمده محدوده ثلاث أشهر او سته أشهر يتم خلالها أكمال بحث الدراسات العليا هناك ومن خلال ذلك يمكن للطلبه التعرف على بلد الأستاذ الأجنبي والأطلاع على تطور البحوث وطريقه أجرائها والأجهزه الحديثه المستخدمه في البحوث كل في مجال أختصاصه ودراسته كذلك تقويه الروابط الثقافيه والأجتماعيه بين البلدين.

الجانب الأخر الذي يمكن تطبيقه في الدول العربيه والشرق أوسطيه من ناحيه توفير كادر للدراسات العليا هو أستدعاء أساتذه أجانب إلى كل بلد عربي لكي يقوم بألقاء محاضرات لطلبه الدراسات العليا في البلد العربي.

ينظم بذلك جدول للمحاضرات يكون مركز.يقوم الأستاذ الأجنبي بألقاء محاضراته في أكثر من كليه او قسم وفي اكثر من جامعه لكي يتم أستيعاب اكبر عدد ممكن من طلبه الدراسات العليا وتهيئتهم لكي يكونوا أساتذه في المستقبل.

هذه الطريقه مطبقه في دول مثل أندنوسيا وماليزيا وسنغافوره وغيرها حيث يقوم أساتذه من الجامعات البريطانيه في أختصاصات مثل أداره الأعمال والبنوك والماليه بزياره تلك البلدان عدة مرات خلال السنه الواحده يلقون في تلك الزيارات محاضراتهم في تلك البلدان.

وقد أثبتت هذه الطريقه نجاحها.

في المجالات العلميه البحثيه تكون الفائده أكثر شمولاً مثل أختصاصات الطب وطب الأسنان والصيدله وعلوم الحياه والفزياء والكيمياء وغيرها.هذه الأختصاصات مجالات العمل التطبيقي فيها تكون ذات فائده عظيمه لبلدان الشرق الأوسط والعربيه.

لكي نصل إلى هدف توفير كوادر الدراسات العليا من الضروري الأنفتاح على المجتمعات الغربيه والدول المتقدمه الأخرى في العالم.هذا الأنفتاح يتم من خلال دعوات للأساتذه الأجانب من مختلف الدول خاصه المتطوره علمياً وعالمياً وأستدعاء هؤلاء الأساتذه لبلدان العالم العربي كل بلد حسب ما يراه من ضروريات بالتأكيد له مردودات أيجابيه عديده تم التطرق إلى قسم منها سابقاً.المهم هنا هو جعل هؤلاء الأساتذه والكوادر العلميه ليس بالضروره

أساتذه جامعات فقط بل قد يتم أستدعاء مهنيين وفنيين لتعزيز الصناعات المختلفه في الدول العربيه أو أستدعاء خبراء مال وأقتصاد وفن وثقافه كل هذه الجوانب مهمه.أندماج هؤلاء في المجتمعات العربيه هو عامل قوه لتلك البلدان وهو يصب في جانب توفير الكوادر للدراسات العليا في تلك الدول

من خلال التجربه التي عشناها على مدى خمس وعشرون عام في التعليم العالي والبحث العلمي لاحظنا ان هناك تخوف وتردد من قبل بعض الأساتذه الأكاديميين في الأشراف على الدراسات العليا.ليس فقط الكادر التدريسي بل ان بعض أدارات الكليات والأقسام الدراسيه علميه كانت أم أدبيه تخشى من فتح دراسات عليا للماجستير والدكتوراه وهذا يعتبر معوق أتجاه توسيع الدراسات العليا.

فمن متطلبات الدراسات العليا لكي يتم توفيركادر لها هو فتح دراسات عليا في كل الأقسام والكليات والجامعات في منطقه الشرق الأوسط والدول العربيه ولتكن البدايه قبول أعداد قليله ثم يتم التوسع فيها حسب الأمكانيات مع العمل على توفير الكادر القادرعلى أداره وتدريس الدراسات العليا

أفضل طريقه لتوفير كادر قادر على تحمل المسؤوليه للتدريس والبحث في مجال فتح وتوسيع الدراسات العليا هو العمل على أنشاء عمادات خاصه للدراسات العليا لكل أختصاص على حده.ففي المجالات الطبيه تنشأ عماده وكليه خاصه بالدراسات العليا لتوفير كادر يحمل شهاده الماجستير والدكتوراه في تلك الأختصاصات هذه العماده أو الكليه هي التي تأخذ على عاتقها تطوير وتوسيع وتهيئه كادر للدراسات العليا.

نفس الشئ يعمل في أختصاص الهندسه والعلوم،الهندسه المعماريه والكهربائيه والمدنيه وهندسه النفط وهندسه العلوم الوراثيه.

كذلك أنشاء عمادات خاصه بالدراسات العليا في أداره الأعمال والماليه والبنوك ومنها نظام البنوك الأسلاميه ، وكذلك للقضاه والمحامين.

بعض الدول العربيه فيها مثل هذه العمادات والكليات أو الأقسام وهذه التجربه أثبتت نجاحهاحيث وفرت وتوفر كادر ذو شهادات عليا مثل الماجستير والدكتوراه وهي رفدت الكليات والأقسام بلأساتذه والأكاديمين في مؤسسات التعليم العالي ودوائر البحث العلمي.

بينما دول أخرى خاليه من هذه التجربه.

توسيع هذه الأدارات والكليات للدراسات العليا يعتبر عامل في غايه الأهميه.

من الممارسات التي تساعدعلى تهيأه وتوفير كادر للدراسات العليا هو أثناء مرحله التحضير للدكتوراه أو الماجستير يكلف هؤلاء الطلبه بالقيام ببعض الأمور التي يقوم بها الأستاذ المشرف والكادر التعليمي مثل أشراك هؤلاء الطلبه في ألقاء بعض المحاضرات على المراحل الجامعيه المختلفه.

كذلك أشراكهم بالأشراف على البرامج البحثيه التي يقوم بها طلبه المراحل النهائيه الجامعيه.أشراكهم بهذه المهام يتم بأشراف الأستاذ والكادر الأكاديمي حتى يتم تهيأتهم مستقبلاً للعمل كأساتذه جامعيين وكوادر أكاديميه جامعيه.

الدراسات العليا في الدول العربيه لها مجال واسع جداً حيث ان هناك مجال كبير لتقديم دراسات وتوصيات وأجابات علميه لعدد هائل من الأسئله والمشاكل التي تعاني منها تلك الدول وهناك حاجه كبيره ومهمه للقيام بتلك الدراسات.فهذه المشاكل من المفيد جداً لها أن يتم دراستها وأحسن وأفضل طريقه هي دراستها على شكل بحوث للدراسات العليا مكمله للدراسات النظريه التي يقوم بها طالب الدراسات العليا.أخذين بنظر الأعتبار ضروف تلك البلدان من مختلف الجوانب.

لكي تتم هذه الدراسات تحتاج إلى مصادر ماليه أضافيه للكادر العلمي والجانب المالي متوفر لحد كبير في عدد لابأس به من تلك الدول ومن المفيد جداً أيجاد مؤسسات ماليه تدعم البحوث والدراسات العليا.
كذلك من الضروري ان تقوم مؤسسات الدوله المختلفه بتخصيص مبالغ ماليه تضعها على جانب في سبيل تكليف المؤسسات العلميه الجامعات والكليات بالقيام بأبحاث ودراسات في سبيل أيجاد حلول مناسبه لما تعاني من مشاكل ومعوقات

في الدول العربيه والشرق أوسطيه توفير كادر الدراسات العليا يعتمد على توجه الطالب الجامعي بعد تخرجه ومدى رغبته في أكمال دراسته العليا لكي يصبح أستاذ جامعي أو كادر أكاديمي أو مهني وهو يضع في أعتباره عدة عوامل يهدف إلى تحقيقها أذا ما أتجه نحو الدراسات العليا.
حامل الشهادات العليا الماجستير أو الدكتوراه يتمتع بمركز أجتماعي محترم وهو يعتبرمن النخب التي تتبؤ مراكز مهمه في المجتمعات الشرق أوسطيه مراكز مهمه في الدوله.
الشخص الذي ينوي أكمال دراسته العليا والحصول على أحدى الشهادتين المتميزتين يضع في أعتباره عدد السنين التي سوف يقضيها للوصول إلى هدفه فهو في الغالب يصل إلى عمر الثلاثين سنه أو أكبر من ذلك.
هو خلال كل تلك السنين من عمره لايزال مستهلك ويعتمد في دراسته على غيره أما على عائلته وهذا ما يحصل في الغالب أو يعتمد على دعم محدود من الدوله بعد تخرجه من الجامعه كحصوله على زماله أو بعثه خارج بلده أو حصوله على راتب محدود أثناء دراسته في بلده.
فبعد كل هذه السنين في الدراسه والبحث يأمل ان يحصل على مردود مالي جيد يعوض له طول السنين التي قضاها في الدراسه والبحث لكي يبدأ وهو في مرحله الثلاثين من عمره ، يبدأ في شق طريقه في الحياة وبنائها كأن يرتبط ويكون عائله ويأمل بعد ذلك في بناء أو شراء دار أو وحده سكنيه أو

حصوله على سكن ملائم يناسب وضعه الأجتماعي بعد حصوله على الشهاده العليا.
وهذا في الغالب لايحصل مباشره بعد أنهاء الدراسات العليا وأنما في الواقع نرى أصحاب الشهادات العليا تمضي عليهم سنين عده قد تصل إلى عشره سنين حتى يتمكنوا من تحقيق ما ذكر أعلاه.
نضرب مثال على ذلك من الواقع العربي كان هناك صديق لي حاصل على شهاده الدكتوراه وله عمل في الجامعه وقد أرتبط بفتاة أحبها حاصله هي الأخرى على شهادة الدكتوراه وتعمل في الجامعه أيظاً وقد مضى عليهم عشره سنوات وهم مربطين بخطوبه ولايستطيعون توفير مستلزمات الزواج الذي ينون القيام به.
فالمردود المالي أو الراتب لحاملي الشهادات العليا في الدول العربيه أغلبها ولا نقول كلها لأن دول الخليج طبعاً مستثناه من هذه المعادله رواتب البقيه محدوده وهي غير كافيه لتلبيه وتحقيق طموحات هذه الشريحه الأجتماعيه.
فأذن ما الذي يدفع بقيه أفراد المجتمع لهذا التوجه!
ضمن الواقع أيضاً نرى صديقين أحدهما قرر الأستمرار بالدراسه ودخل الجامعه ومن ثم يسعى للحصول لى شهاده عليا بينما صديقه ترك الدراسه في مرحله عمريه مبكره ولم يكمل حتى الثانويه العامه وأتجه نحو القطاع الخاص والعمل وقد توفق وأستطاع ان يبني ثروه جيده خلال عشره إلى خمسه عشر عام.
هذا يشكل أحباط لعدد لابأس به من أفراد المجتمع الذين لديهم أمكانيات علميه جيده جداً ولكنهم قرروا عدم الأستمرار بأتجاه الدراسه لأسباب أقل ما يقال عنها أسباب لاتوفر الحياة الجيده ومتطلباتها الماليه والمعيشيه.لأن المردود المالي أو الراتب لايكفي لكي يتمتع حامل الشهاده العليا بالحياه المرفهه مثلما يتمتع صديقه في الدراسه الأبتدائيه

الذي يدفع ويشجع الطالب الجامعي أو الطالب قبل الوصول للجامعه على الأستمرار بالدراسه والحصول على شهاده عليا هو ضمان حصوله على عمل وضمان مستقبله ومستقبل العائله التي ينوي تكوينها.
حامل الشهاده العليا له فرصه عمل أوفر من غيره في الدول العربيه فرصه العمل هذه أوفر أذا ما قورنت بفرصه العمل الممكن الحصول عليها في الدول الغربيه والدول المتقدمه في العالم والتي تعتبر مشكله كبيره في الحصول على عمل دائم في هذه الدول المتقدمه.
في الوقت الحالي تعاني الدول الغربيه من أرتفاع نسبه البطاله حتى في أمريكا نفس الشئ وتعمل هذه الدول جاهده على التغلب على هذه المشكله التي تعيق عمل الحكومات المختلفه وقد وضعت الأحزاب الغربيه ضمن برامجها الأنتخابيه خطط ووعود للناخبين بلتغلب على هذه المشكله.

حتى حمله الشهادات العليا الماجستير أو الدكتوراه هناك نسبه منهم عاطلين والتنافس حاد جداً في الحصول على عمل بين هذه الشريحه الأجتماعيه.
ومثال من الواقع نطرحه وهو ان نسبه المتقدمين الى أي فرصه عمل تتاح لحمله الشهادات العليا تجدها نسبه عاليه جداً والمتقدميين عدد كبير جداً لذلك التنافس حاد جداً.
عكس ما تراه في الدول العربيه والشرق أوسطيه فحمله الشهادات العيا الماجستير أو الدكتوراه لهم فرصه أفضل والدوله والحكومات في الغالب تضمن لهم عمل جيد ولكن المردود المالي أو الراتب الذي يحصلون عليه في الدول العربيه يكاد بلكاد يكفي لسد متطلبات الحياة فيها بأستثناء دول الخليج.
فأذن حتى يتم توفير كادر للدراسات العليا يجب رفع المستوى المعاشي لهذه الشريحه زياده تتناسب مع عدد السنيين التي قضوها بالحصول على شهادتهم وتتناسب مع الجهد الذي يقدموه بتربيه وأعداد أجيال المستقبل في كل بلد من تلك البلدان.
هذه الدعوه أو الأقتراح سببها واضح وهو ببساطه الخوف من ان يبتعد الطلبه الجامعيين عن الأستمرار بدراستهم للحصول على الشهاده.

العامل الأقتصادي يلعب دورهام جداً في توفير الكوادر المطلوبه للدراسات العليا التي هي عماد تطور التعليم العالي في كل بلد.
طبعاً ليس المطلوب ولا يجب ان يتحول المجتمع بكل أفراده إلى حمله شهادات عليا ولكن على الأقل توفير الكوادر اللازمه لأستمرار وتطوير التعليم العالي.
توفير السكن المناسب والأئق بهم ضروري لرفع الثقل عن أكتاف هذه الشريحه،في حاله تركهم يعانون بالحصول على سكن مناسب هذا يؤثر على عملهم وبحوثهم ودراساتهم.

مره أخرى أذا ما قارنى هذه المسأله مع ما موجود في الدول المتقدمه نرى ان الرواتب جيده جداً لحاملي الشهادات وهم يستطيعون أخذ قرض من البنوك لشراء سكن لهم وهم قادرون على دفع أقساط هذا القرض بسهوله لكون رواتبهم جيده.
وبتالي فهؤلاء يتفرغون لبحوثهم ودراستهم وأشرافهم على طلبه الدراسات العليا بشكل كامل

تحسين الوضع المالي لحمله الشهادات العليا من منتسبي التعليم العالي والبحث العلمي وغيرهم في قطاعات الدوله المختلفه من شأنه ان يشجع على زياده عدد الراغبين في تكمله دراستهم العليا من جانب ومن جانب أخر فأن الكوادر التعليميه وغيرهم من حمله الشهادات العليا بحاجه إلى التمتع بأجازاتهم خلال العطل خارج بلدانهم العربيه والشرق أوسطيه أو حتى التمتع بأجازاتهم داخل بلدانهم حيث الأماكن السياحيه الجميله وهذا الجانب الترفيهي

مهم لهم ولي عوائلهم فهو يجدد فيهم طاقتهم من كل الجوانب العلميه والأجتماعيه والمهنيه وهذا تم أثباته من خلال دراسات منشوره في مجلات علميه مرموقه مثل لانكست.
وهو تقليد يعمل به أغلب الأساتذه الجامعيين وغيرهم في الدول الأوربيه المتقدمه وغير الأوربيه.
فمن خلال علاقتي بالأساتذه الجامعيين هنا في المملكه المتحده أنا على أطلاع بأن كل أستاذ يتمتع بأجازه شهر كامل خارج المملكه المتحده.الأساتذه أنفسهم يتضمون رحلاتهم مع عوائلهم كل سنه إلى مختلف دول العالم وهم يستطيعون ذلك بكل سهوله ويسر لأن مواردهم الماليه جيده جداً ورواتبهم عاليه تسمح لهم بالقيام بذلك.بعض الأساتذه الجامعيين يقومون بأكثر من سفره واحده خلال العام الواحد.
هذا بالأظافه إلى أن كل أستاذ له الحريه بالمشاركه في أي مؤتمرعلمي يقام في أي دوله وهم في الغالب يتجهون إلى أمريكا أو أستراليا أو كندا أو جنوب أفريقيا أو أي من الدول الأوربيه ومشاركتهم هذه تتحملها الجامعه والكليه التي يعمل بها أو الجهه المنضمه،حتى ان سفراتهم العلميه تتم إلى دول جنوب شرق أسيا مثل ماليزيا والفلبين وأندنوسيا وكوريا الجنوبيه واليابان والصين وغيرها.

يجب ان تقوم الدول العربيه والشرق أوسطيه بتوفير هذا الجانب الأقتصادي المهم لحمله الشهادات العليا لكونه يساعد ويساهم في توفير الكادر اللازم للتعليم العالي والبحث العلمي طبعاً من خلال توجه أعداد كبيره لتكمله دراستهم العليا سواءآ داخل بلدانهم أذا ماتوفرت تلك الدراسات أو خارجها.أذا ما قارني بين الواقع الحقيقي وراء توجه الطلبه خريجي الجامعات إلى الدراسات العليا في الدول الغربيه المتقدمه وأمريكا وبقيه دول العالم المتقدم نرى ان الأسباب تختلف تماماً بينهم وبين أولئك الخريجين في الدول العربيه فالدوافع في هذه الدول هو في الغالب الحصول على المركز الأجتماعي المرموق بينما في الدول المتقدمه يكون الدافع وراء توجه الطلبه للدراسات العليا هو الرغبه الشخصيه في أستمرار دراستهم تلك وبالطبع ضمان الحصول على عمل جيد.
فالطالب في الدول الغربيه وبقيه دول العالم عندما يتخرج من دراسته الجامعيه يبدأ بالبحث عن دراسات عليا له يدفعه في ذلك رغبته البحته في ذلك.
والبدأ بالبحث يتم من خلال أيجاد دعم مادي لدراسته العليا هذا الدعم يقدم له أمكانيات الدراسات العليا حيث تقدم الجامعات فرص دراسيه للماجسير الدكتوراه.
كما تقدم الجمعيات الخيريه فرص كهذه من خلال تحديد بحوث تطلب دراستها ويتم الحصول على شهاده الماجستير أو الدكتوراه بعد أتمام تلك البحوث.

كما ان بعض الجهات الحكوميه أو الشركات الخاصه أو الجمعيات والمنظمات تقدم دعم مالي لتلك الدراسات العليا أظافه إلى ان الأتحادالأوربي يقدم مثل تلك الفرص

فترى الطالب الراغب، يحصل على فرصه من هذا النوع ويتقدم لها وبعد الدراسه والبحث في الموضوع المحدد لمثل هذه الفرص يحصل على أحدى الشهادات العليا ومن ثم قد يحصل على عمل وظيفي في تلك الجامعه التي درس فيها أو يحصل على عمل في ذلك المركز البحثي الذي درس فيه.
هنا الرغبه تجعل طالب الدراسات العليا ومن ثم حامل الشهاده العليا يكرس كل جهده وعمله للبحث والتعمق والأستمرار في التوسع بأتجاه الدراسه التي بدأها فتراه يطور هذا البحث وهذه الدراسه ومن الممكن ان يحصل على نتائج جيده تدفعه في الحصول على دعم مالي أضافي لتوسيع بحثه أو دراسته وهذا الدعم الأظافي يهيئ له دوام أستمرار العمل كذلك قد يوفرله فرصه عمل لباحثيين أضافيين أو مهنيين يعملون معه بنفس موضوع البحث أو الدراسه.

الأبداع يتم من خلال الرغبه الحقيقيه للعمل والبحث الدراسي وليس أي شئ أخر.
هنا نرى الأتجاهان يختلفان بين ما هو معمول به في الدول المتقدمه وبين ما يتم في الدول العربيه والشرق أوسطيه.يجب ان يتم تشجيع الأتجاه الأول وتطبيقه في الدول العربيه لأنه الأضمن في نجاح عمليه التطور والتقدم في التعليم العالي والبحث العلمي

الأشرف على طلبه الدراسات العيا في الدول العربيه والشرق أوسطيه يختلف من بلد لأخر من ناحيه الأعتماد شبه الكلي للطالب على أستاذه المشرف.
ففي بعض الدول نرى ان طالب الدراسات العليا يطلب التوجيه في أبسط الأمور ولا يعتمد على نفسه بالدرجه المطلوبه ونرى الأستاذ المشرف مضطرآ لقياده طالب الدراسات العليا من الألف إلى الياء وهذا خطأ مقارنه بما هو معمول به في الدول المتقدمه حيث ان طالب الماجستيرأو الدكتوراه يعتمد مباشره على نفسه والأستاذ يقوم بالتوجيه والأرشاد وتوضيح الطريق الذي يجب ان يسير عليه البحث وكذلك الطالب.وهذا أسلوب ناجح حيث يولد في طالب الدراسات العليا روح البحث عن المشاكل التي تصادفه وإيجاد الحلول المناسبه لكل مشكله ويأخذ رأي الأستاذ في ذلك.
الطالب الساعي للحصول على الماجستير او الدكتوراه في الدول العربيه نراه يتضايق ويتململ أذا تركه الأستاذ المشرف يبحث عن حل لمشكله.غرض الأستاذ في الغالب هو محاوله تعويد الطالب على التفكير لوحده وان يعتمد الطالب على نفسه في التفكير وإيجاد بدائل متعدده لكل مشكله مطلوب حلها.هذا السلوك من الأشراف على طلبه الدراسات العليا يسبب مردود سلبي للأستاذ حيث يبدأون الطلبه أحيانآ بالعزوف عن التسجيل مع هذا الأستاذ الذي

يعتمد أسلوب ترك الطالب للبحث بنفسه عن إيجاد حلول للمشاكل التي تصادفه بالطبع الأستاذ لايترك الطالب كلياً وأنما يبقى ملازم له بالتوجه والأشراف ولكن الخلل في طالب الدراسات العليا في الدول العربيه والشرق أوسطيه حيث الطالب يريد الأعتماد كلياً على أستاذه

الأسلوب المتبع في عمليه الأشراف لطلبه الدراسات العليا يتم من خلال مكتب أو مسؤول في كل كليه او قسم للدراسات العليا ، هذا المسؤول يستلم الطلبات للمتقدمين من الجامعه التي يرتبط بها فالطالب الراغب بالدراسات العليا يقدم أوراقه وأستمارات التقديم للجامعه ويحدد الأختصاص الذي يرغب بدراسته والطالب يطلع على ويب الجامعه ويستعرض كل الأساتذه في الكليه او القسم الذي ينوي الدراسه فيه فيحدد الطالب تقريباً رغبته في الأختصاص الذي يريد ان يدرسه ويحدد أيظاً الأستاذ الذي له أبحاث ودراسات مطابقه لرغبه الطالب.الجامعه تحول الطلب للقسم او الكليه المعنيه مع الأشاره إلى الأختصاص الذي يرغب الطالب دراسته وأحياناً بشكل دقيق ويحدد الأستاذ الذي يرغب الدراسه معه.المسؤول عن الدراسات العليا في القسم او الكليه يحول الطلب إلى الأستاذ المعني وأذا لم يحدد الطالب الأستاذ فأن المسؤول يتصل بعدد من الأساتذه في الكليه او القسم الذي لهم أهتمام قريب من رغبه الطالب بالدراسه.وهنا أذا وافق الأستاذ على الأشراف يقدم ملخص للبحث الذي سوف يقوم الطالب بدراسته للجامعه مرفق مع موافقته على الأشراف.على ضوء ذلك الجامعه تبعث رساله قبول للطالب .أذا كان من الطلبه الأجانب يطلب منه أمتحان اللغه الأنكليزيه او الأمانيه أوأي لغه أخرى،وفي هذا الأمتحان عادة تحدد الجامعه مستوى ودرجه معينه للقبول وأذا لم يكن الطالب الأجنبي يحمل شهاده اللغه يلتحق بمدرسه للغه على ان يحصل على تقدير جيد حتى يتم قبوله.فالعمليه هنا كلها بعيده عن تدخل الطالب بشكل مباشر وهذا هو الصحيح في حين ان في بعض الدول العربيه والشرق أوسطيه الأشراف يتم بشكل مختلف فالطالب بعد ان يلتحق بالدراسات العليا يدرس مواضيع نظريه متعدده يحددها القسم المعني او الكليه المعنيه ومن خلال المواضيع يتعرف الطالب على معظم الأساتذه فيضع في أعتباره أستاذ معين لكي يشرف على بحثه للماجستير أو الدكتوراه.وخلال فتره الدراسه ترى الطالب يجمع المعلومات على الأستاذ مثلاً هل الأستاذ يساعد الطالب في مرحله الكتابه والأشراف على البحث ام لا؟هل الأستاذ صعب أم لا؟وكثيراً من الأمور الأخرى التي تلعب دور في تحديد الأستاذ المشرف.ويستخدم الطالب مختلف الأساليب في سبيل التسجيل مع الأستاذ ، وقسم من الأساتذه وهذا لسوء الحظ يعمل على جذب الطلبه له وهذا دليل على نقص في التزاماتهم العلميه ونقص في المستوى العلمى الذي يحملونه هم يجعلهم يسلكون هذاالسلوك.
السبب أيظاً هو ان التعليمات الجامعيه والتعليمات من وزاره التعليم العالي تجعل الأستاذ المشرف يستفاد مادياً من خلال الأشراف على طلبه الدراسات

العليا فترى الأستاذه في صراع أحياناً مع بعضهم البعض للفوز بأكبر عدد من الطلبه تحت أشرافهم.
هنا يكمن الخطأ في تلك الدول،المطلوب تصحيح هذا الخطأ من خلال خطوات عمليه وتطبيقيه مختلفه تماماً عما هو عليه الأن لغرض تطوير التعليم العالي وتوفير كوادر للدراسات العليا

الأسوء من ذلك هو ان في بعض الدول العربيه والشرق أوسطيه نرى طالب الدراسات العليا يتدخل في تحديد الجهه المشرفه على مناقشه رساله الماجستير أو الدكتوراه.
فترى الطالب يحاول ان يختار أعضاء لجنه المناقشه من الأساتذه المتعاطفين معه أو الذين على علاقه ومعرفه بهم.
الجامعه وقبل الجامعه القسم والكليه هما المعنيان بتحديد لجنه المناقشه بعد ان يقترح الأستاذ المشرف أسماء محدده لأثنين أو ثلاثه من الأساتذه الذين يشكلون لجنه المناشه للأطروحه.
ثم الجامعه تصدر أمر بتشكيل لجنه المناقشه.بعيده كل البعد عن تدخل الطالب،أحياناً الأستاذ المشرف يناقش مع طالب الدراسات العليا أسماء الأساتذه الذين ينوي الأستاذ ضمهم في لجنه المناقشه ولكن لايحق للطالب ان يعترض أو يرفض أين منهم هذا هو المعمول به في الدول المتقدمه الأوربيه وأمريكا وكندا وغيرها من دول العالم.
مره أخرى نؤكد ان يتم أبعاد الطلبه عن التدخل في تحديد لجنه المناقشه للأمانه العلميه ولكي يكون نجاح الطالب أو فشله ينتج عن أستحقاق حقيقي للبحث والدراسه للماجستير او للدكتوراه.
هنك شواهد وأدله لما طرح أعلاه والذي يحصل في الدول العربيه فأذا ما أوريد لتطوير التعليم العالي وتوفير كادر محترف للدراسات العليا يجب الأبتعاد عن هذا النهج والممارسات

الفصل الثامن
Chapter Eight

السبيل لتطوير التعليم العالي
How the Higher Education will develop?

أهم عمل لتطوير التعليم العالي والبحث العلمي في الدول
العربيه والشرق أوسطيه البدء بدراسه الأنظمه والقوانين والتعليمات الخاصه بالتعليم العالي والمعمول بها حالياً.
من خلال هذه الدراسه يتم العمل على الغاء بعض التعليمات والأنظمه والقوانين تلك التي تقف عائق في سبيل تطوير التعليم العالي.
وهذه العوامل المعوقه موجوده ومعمول بها في تلك الدول ولكن بشكل متباين بين دوله وأخرى.
وهي حقيقه لايجب نكرانها أو التغاظي عنها ولا يجب الأعتقاد ان ما موجود ومعمول به من تلك الأنظمه والقوانين والتعليمات هي مثاليه وجيده ولا داعي لتغيرها كما يصر بعض المسؤولين في التعليم العالي في بعض تلك الدول.
وحتى لا يكون الكلام عمومي وأنشائي علينا أن نشخص تلك العوامل وأولها هو البيروقراطيه الزائده المعمول بها في مؤسسات التعليم العالي من جامعات ومعاهد ومراكز بحثيه.
البيروقراطيه هي أحد الأسباب المعوقه لتطوير التعليم العالي.
فترى رئيس الجامعه وعميد الكليه ورئيس القسم ومدير المركز البحثي لايعرف أو يعلم ماذا يدور في المؤسسه التي يديرها وأذا كان على أطلاع نسبي في بعض أو معظم الأمور فهو لايولي الأهتمام اللازم والعمل المنهجي المبرمج لتجاوز معوقات التعليم العالي
ووضع السبل والطرق لتطوير مؤوسسته التي هي خليه من خلايا التعليم العالي.

فترى الهم الأول لرئيس الجامعه أو عميد الكليه أوعميد المعهد أو رئيس القسم هو كيف يحافظ على مركزه وهو يحاول ويعمل على أبعاد كل كادر أكاديمي يشكل خطر على منصبه.
فتراه مشغول على الدوام في هذا الموضوع ويحاول أرضاء من هو أعلى منه منصباً من جهه وتكوين مراكز قوة في المؤسسه التي يعمل بها من جهه أخرى.

عدم الأهتمام من قبل المسؤول في التعليم العالي بالكوادر الأكاديميه المتقدمه والتي لها أمكانيات علميه جيده وراقيه يعتبر معوق للتعليم العالي ،وعدم

توفير الأمكانيات اللازمه لنجاح عمل هؤلاء الكوادر،الأمكانيات الملحه والمهمه في عملها مادياً وتكنولوجياً يقف ضد تطور التعليم العالي.
البيروقراطيه في مراكز وجامعات الدول العربيه تعمل على عدم متابعه رئيس الجامعه أو عميد الكليه والمعهد أو رئيس القسم للأمور والمواضيع الهامه في مؤسسته وعدم المتابعه هذه يجعل الأمور جامده ومتراكمه ومهموله لحد كبير وهذا هو السبب في عدم تطور التعليم العالي وأبتعاده عن التطور العالمي

العامل الأخر الذي له أهميه في تطوير التعليم العالي هو يجب ان تستلم قيادة المؤوسسات التعليميه والعلميه في التعليم العالي من قبل كفاءات علميه مرموقه تكنوقراط وإبعاد أولئك الساعين لتولي المناصب لمجرد التسلط وهم في حقيقه الأمر لايتمتعون بأي قدر من العلميه والكفاءه،أولئك الذين يستخدمون طرق مختلفه مثل العشائريه والقرب من الطبقه الحاكمه والطائفيه للوصول إلى مناصب مرموقه مثل رؤوساء جامعات أو عمداء أو رؤوساء أقسام في التعليم العالي مثل هؤولاء يشكلون عبئ ثقيلاً على التعليم العالي وعبئ على تطوير التعليم العالي

وفي سبيل ضمان وصول قيادات كفوئه لقيادة التعليم العالي يجب أعتماد أسلوب الأعلان عن كل منصب على حده في وسائل الأعلام والمجلات والدوريات العلميه داخل البلد وخارجه.
وعلى ويب سايد الجامعه أو الكليه أو الوزاره حسب طبيعه الوظيفه المطلوب Website ملئها.
ومن مجموع المتقدمين لشغل كل منصب من تلك المناصب يتم ترشيح الأفضل مع التأكيد على وضع شروط للتقديم لكل منصب مثل عدد سنين الخدمه في التعليم العالي والبحوث المنجزه والخبره الأداريه والمشاركه في المؤتمرات العالميه وغير ذلك.
هذا هو الأسلوب المتبع في الدول الغربيه المتقدمه وأمريكا وكندا وأستراليا وبقيه دول العالم المتقدمه الأخرى.
يتبع هذا الموضوع تحديد فتره زمنيه لكل منصب مثل خمس سنوات لرئيس الجامعه ومثلها لعميد الكليه وثلاث سنوات لرئيس القسم أو مدير المركز البحثي

من خلال متابعه سيرالجامعات في الدول العربيه خاصة في مجال التخطيط المالي نرصد أن الأمل في تطوير التعليم العالي ضعيف في تلك الدول أذا ما سار على نفس المنهج الحالي.
حيث أموال هائله تصرف في مجالات غير بحثيه،بينما تخصيصات الأموال للجوانب العامه والبحوث قليل جداً مقارنه بما يصرف في جوانب أخرى غير مهمه فمثلاً تم رصد أموال هائله لبناء مسبح ضمن نادي ترفيهي للكادر

التدريسي في أحدى الجامعات بينما تعاني نفس تلك الجامعه من نواقص عديده ليس فقط نواقص في تخصيصات الأموال للبحوث والدراسات العليا بل ان تلك الجامعه تعاني من حاله بائسه في الأقسام الداخليه لطلبتها وتعاني من نقص شديد في عدد قاعات التدريس والمتوفر منها يسوده نقص حاد في أبسط الوسائل التعليميه الجامعيه.وهذا كله يقع ضمن الفساد الأداري والمالي المنتشر في تلك الدول.

فأذا ما أوريد للتطور العلمي ان يأخذ مساره الصحيح يجب العمل على القضاء على هذه الأفه في التعليم العالي أولآ ثم في بقيه مناحي الدوله والحياه الأخرى للدول العربيه.

هذه الظواهر نؤكد مره أخرى لا تسود في كل الدول العربيه ولكن يجب الأشاره أليها لتجنب الوقوع بها في بقيه الدول التي تسير بالشكل الصحيح

أيظآ ضمن المتابعات الأخرى والملاحظات للظواهر التي تقع ضمن الفساد الأداري نرى ان المسؤولين في الجامعات أبتدءآ من رئيس الجامعه منشغلين في الأيفادات خارج بلادهم فترى الواحد منهم للتو عاد من سفر أو إيفاد حتى يلتحق بأيفاد أخر لزياره تلك الدوله أو غيرها أوربيه شرقيه أم غربيه هذا يؤثر سلبآ على عمل رئيس الجامعه أو القائمين بأداره الجامعات والكليات فتراه لا يفكر في ما يجب عمله من أجل تطوير الجامعه أو الكليه التي يعمل فيها.حالات كهذه لاتطور التعليم العالي.

السبيل لتطوير التعليم العالي هو التفرغ كليآ للعمل والبحث عن أسس لتطوير التعليم العالي بما يتناسب وكل دوله من دول الشرق الأوسط

كل دوله لها ظروفها الخاصه الأجتماعيه والبشريه والجغرافيه ولا يمكن تعميم نجاح اي تجربه في بلد معين على بقيه الدول.كل حاله يجب ان تدرس بشكل منفرد ومفصل لكي يتم وضع الحلول الناجحه لها.

فهذا الكلام ليس أنشائيآ وأنما هو عملي نابع من تجارب سنين طويله في التعليم العالي.

لعل تطوير التعليم العالي في الدول العربيه والشرق أوسطيه يبدأ من التركيز على أعتماد أسلوب تخريج دفعات من الجامعات في مختلف الأختصاصات على مستوى عالي وراقي،

من المستوى العلمي والأدبي والفني،وخبره ومعرفه بالعلوم التي يدرسونها نظريآ وتطبيقيآ وخبره عمليه تبنى لدى الخريجين من أول سنيين دراستهم حتى تخرجهم،وكل ذلك يتم من خلال توفير كادر أكاديمي على مستوى عالي من الخبره والكفاءه والمقدره تدريسيآ.

كما يتم من خلال وضع مناهج ومفردات رصينه وقويه تغطي متطلبات دراستهم ومتطلبات العمل بعد التخرج.

والمناهج هذه تكون شامله تحتوي على تسلسل تاريخي للتطور العلمي في كل مجال وصولاً إلى ماتوصل اليه العلم.وحين نتكلم عن العلم لا نعني فقط العلوم التطبيقيه البحثيه وأنما نقصد كل المواد سواءآ كانت تطبيقيه مثل الكيمياء والفيزياء والكومبيوتر وعلوم الحياه والجيولوجيا وعلوم الفضاء والرياضيات وتشمل أيظآ علوم الأدب والفن من موسيقى وتمثيل ونحت ومسرح وسينما وأدب معاصر شعر ونثر.تغطيه شامله للمناهج التعليميه الجامعيه يجعل خريجي الجامعات على مستوى راقي ويرفع من مستوى التعليم العالي الجامعي النظري منه والتطبيقي

من خلال المستوى الممتاز للخريجين الجامعيين وعلى مدى سنين متعدده ومن خلال التقيم العلمي للجامعات سوف تصل جامعات الدول العربيه إلى المستوى العالمي الراقي.

جامعات العالم الراقيه مثل هارفورد وأكسفورد وكمبيرج لم تصل إلى درجه الرقي التي وصلت اليه ألأن خلال سنه أوسنتين ولم تصل إلى هذا المستوى إلا من خلال الجهد والأهتمام المنقطع النظير من قبل الأكاديمين العاملين في تلك الجامعات وكذلك من خلال الدعم الكبير التي تتلقاه هذه الجامعات الراقيه من دولها ومن مختلف الجهات العالميه على شكل دعم معنوي ومادي.

كما ان الجهات التي تقدم دعمها لتلك الجامعات تقدمه لأنها تعرف من خلال التجربه المستوى والمعرفه الذي قدمته تلك الجامعات من البشر والخريجين الذين ساهموا في دفع عجله التقدم عالمياً وكذلك هذه الجامعات قدمت رجال ساهموا في بناء بلدانهم وهؤلاء الرجال كانوا في مختلف الأختصاصات منهم السياسي والأقتصادي والمالي الذي يعمل في مجال المصارف والبنوك والنظم المختلفه.
وبهذا الجهد المثابر تصل الجامعات في الدول العربيه والشرق أوسطيه إلى المستوى المرموق عالمياً.
فالمناقشه مطلوبه لخلق روح الأبداع والأبتكار في كافه المجالات.

ما يتم أنجازه في مجال الخريجين ينعكس بالتأكيد على مستوى البحوث والدراسات التي يقدمونها هؤلاء الخريجين وينعكس أيظآ على النجاح الذي سوف يحققونه في حياتهم العمليه بعد التخرج

طبعآ تخريج دفعات من الخريجين من الجامعات العربيه والشرق أوسطيه في المستوى الذي ذكرتها مرتبط بتوفير عوامل متعدده ومهمه،عدم توفيرها يسبب خلل في التعليم العالي ولا يتحقق التطور الذي نسعى له ومن جمله هذه العوامل منها أقتصاديه وماليه،ودعم غير محدود للجامعات كذلك يتم من خلال عينات من الطلبه الملتحقين بالدراسه في الجامعات على مستوى جيد

وممتاز من المقدره العلميه ويتم ذلك من خلال أجراء أختبارات نظريه وعمليه للطلبه المتقدمين للدراسه أظافه لما حققوه من مستوى خلال دراستهم الثانويه والأعداديه

الأسلوب المتبع حالياً في قبول الطلبه للدراسه في الجامعات في الوطن العربي والشرق اوسطي هو معدل الدرجات الحاصل عليها الطالب خلال سنين الدراسه الثانويه فالكليات مثل الطب والصيدله وطب الأسنان والهندسه تأخذ معدلات عاليه ونزولاً بقيه الكليات.
بعض الجامعات المتقدمه تطلب من الطلبه المتقدمين للدراسه فيها أختبار يجب ان يجتازه الطالب كشرط لقبوله وبعض الجامعات الأخرى لاتطلب من الطالب المتقدم مثل هذا الأختبار.
ولأن الدول في منطقه الشرق الأوسط تحاول أستيعاب أغلب خريجين الثانويات ولكون التعليم غا لباً مجاني الدوله تتحمل تكاليف الدراسه وأيظاً بسبب ان تلك الدول تسعى لتطوير نفسها من خلال تعليم أبنائها جامعياً،فأن تلك الدول تعمل بالأسلوب الذي بيناه أعلاه وهو تقريباً نفس الأسلوب المتبع في الدول الأوربيه المتقدمه أمريكا وكندا وأستراليا وغيرها من دول العالم ولكن بأسلوب وطرق تختلف في الجامعات الراقيه مثل هارفورد وأكسفورد وكمبيرج وهذا الذي نقترح تطبيقه في دول الشرق الأوسط والعربيه بوجه خاص لغرض تطوير التعليم العالي في بلدانها.أي الأختلاف هنا في مستوى الكادر الأكاديمي والنظم والمناهج الجامعيه وهذا ما يجب التركيز عليه مع أدخال بعض التعديلات على أختيار الطلبه للدراسه في الجامعات العربيه

من الوسائل التي تعمل على تطوير التعليم العالي في الدول العربيه والشرق أوسطيه وأيصاله إلى مصاف الدول المتقدمه هي طرق وأسلوب التدريس الجامعي وأختيار الطلبه لمعرفه مدى أستيعابهم للمواد التي تدرس لهم ومدى الفائده منها.
طرق وأساليب التدريس هي حسب الطرق التقليديه أي الأستاذ الأكاديمي يعطي محاضرته بالماده المقرره يشرح مادته وأحياناً لا يستعمل وسائل أيضاح أو وسائل شد أنتباه الطلبه للماده المدرسه والطالب متلقي للماده أحياناً يكون شارد الذهن أو غير منتبه لما يلقى عليه أو منشغل بالهاتف النقال أو بأي وسيله أخرى أثناء الدرس ربما يرسم كاريكتير أو خط كلمات أو حتى حل كلمات متقاطعه.هذا يحدث عندما يكون الأستاذ المحاضر روتيني وممل ويلقي المحاضره بأسلوب وصوت أقل ما يقال عنه لايشد الطلبه لما يلقي من محاضره أو درس وفي سبيل تطوير التعليم العالي يجب الأنتباه لهذه المسائل بطريقه ذكيه وحلها عن طريق دورات مستمره للكوادر الأكاديميه ومن هم بمستوى مدرس،وحتى أستاذ مساعد يشترك في ألقاء هذه الدورات أطباء نفسانين أو أساتذه علم نفس وطرق التدريس وأساتذه ذو خبره طويله بالتدريس الجامعي وذو معرفه بأساليب التدريس بأستعمال الطرق الحديثه في

التدريس تعمل على شد أنتباه الطلبه للمحاضره مثل طرق التدريس تلك تحتوي على مواد مشوقه ضمن الماده للمحاضره مثل أستعمال البوربوينت ومن المفيد بالنسبه للدول العربيه أستدعاء وتوجيه دعوات لأساتذه أجانب مختصين بطرق التدريس لعمل ورش في طرق التدريس الحديث.أو الجلوس ومناقشه طرق التدريس مع الأساتذه في دول الشرق الأوسط كل دوله أو كل جامعه وكليه تعمل على توجيه دعوات للأساتذه الأجانب في سبيل تطوير التعليم العالي في بلدانهم.طبعآ هذا العمل ليس تنقيص بأمكانيه الأساتذه في الدول العربيه والشرق أوسطيه بقدر ما هو أسلوب لطرح أفكار ومناقشه نقاط التشابه والأختلاف في التعليم العالي بين الدول العربيه والشرق أوسطيه وبين تلك الدول المتقدمه أوربيه كانت أم غيرها

لعل من الأساليب التي يتبعها الأستاذ الأكاديمي في الجامعات والكليات في الدول العربيه هو أسلوب الأختبارات المتكرره أو ما نسميه كوز أو أمتحان فصلي أو شهري للماده.
وهذا الأسلوب يختلف من أستاذ لأخرفبعض الأساتذه في الجامعات والكليات يعمدون على معرفه مدى أستيعاب الطلبه للماده التي يلقونها عن طريق الكوز المفاجئ الذي يقومون به لجعل الطالب متهيئآ على الدوام للأختبار.والطالب يكون دارس للماده ومتهيئآ للأمتحان في أي لحظه وهذا الأسلوب حسب ما ذكرني يختلف من أستاذ لأخر.
بعض الأساتذه لايبالي بذلك وهو يقوم بأختبار الطلبه في نهايه كل فصل دراسي فقط وحسب ما تحدده الكليه أو الجامعه ضمن منهجها.ثم هناك أختبار نهائي في نهايه السنه الدراسيه.
عادة الجامعه أو الكليه تترك هذه الأمور للأستاذ الجامعي هو يتبع الأسلوب الذي يراه مناسبآ ولكن في سبيل تطوير التعليم العالي في الدول العربيه يجب أتباع أسلوب محدد للأختبارات خلال السنه والفصل الدراسي الواحد.وتحديد هذا الأسلوب يضع بعين الأعتبارتطوير الطلبه ورفع مستواهم العلمي والمهني والعملي

الأسلوب المتبع في طرق التدريس بالدول المتقدمه هو أظافه إلى أستخدام الوسائل الحديثه والتكنولوجيه المتطوره في التعليم العالي فأن الأستاذ يطلب من الطلبه تقارير دوريه لموضوع يحدده هو ويكون الموضوع من ضمن المنهج الدراسي وكل طالب يناقش موضوعه أمام الطلبه.هذا الأسلوب يجعل الطالب يعتمد على نفسه في الدراسه والبحث في سبيل تحضير موضوعه بشكل جيد،كما يساعد الطالب على أسلوب المناقشه مع بقيه الطلبه.وهو بالتأكيد من الطرق التي تساهم في تطوير التعليم العالي في الدول العربيه حيث من المفيد جدآ أتباع هذا الأسلوب

يعتبر التعليم العالي في بعض الدول العربيه جيد بشهاده المنظمات الدوليه

التابعه للأمم المتحده مثل منظمه اليونسكو التي تقيم سنوياً مستويات التعليم ومنها التعليم العالي في دول العالم.في حين البعض الأخرمن الدول العربيه يكون فيها التعليم العالي متواضع ولم يصل بعد إلى المستويات المطلوبه.حيث التعليم العالي فيها يدرس بالغه العربيه ومستوى وعدد الأكاديمين الجامعيين فيها متواضع.وهذه الدول يجب ان تركز جهودها على رفع مستوى التعليم العالي فيها لما له من أثر كبير في تطور البلد ككل.أذا ما تطور التعليم العالي فيها.

التدريس في التعليم العالي ضروري ان يكون بالغه الأنكليزيه وليست العربيه أو اللغه المحليه لدول الشرق الأوسط.الموضوع ليس ضد اللغه العربيه او لغه البلد وأنما الموضوع يتعلق بالأطلاع الواسع الذي يمكن الفرد في التعليم العالي على مختلف البحوث والدراسات المنشوره في العالم.حيث ان اللغه الأنكليزيه تعتبر لغه عالميه الأن.وهناك أصوات تطالب بجعل لغه العالم كله لغه واحده.ونحن لانوافق على هذه الفكره حيث أنها تعني ألغاء لغات وثقافات العالم وشعوبه المختلفه.ولكن مع ذلك فأن يومياً هناك عشرات بل مئات الكتب تنشر وتوزع باللغه الأنكليزيه حول العالم أضافه إلى المجلات والدوريات العلميه التي تنشر باللغه الأنكليزيه في كل أنحاء العالم فحتى يتمكن الأكاديمي العربي من الأطلاع ودراسه كل هذا الكم الهائل من الكتب والدوريات يجب ان يكون ذو أمكانيه ممتازه أو على الأقل جيد في اللغه الأنكليزيه وهذا يساعد في تطوير التعليم العالي
حيث شاهدنا ومن واقع التجربه العمليه أن هناك دول عربيه
وشرق أوسطيه لاتستخدم اللغه الأنكليزيه كأساس في التعليم العالي فكانت النتيجه ان مجالات الأحتكاك والدراسات العليا في تلك الدول يصيبها شيء من التعثر.فنرى ان الدول المتقدمه مثلاً تطلب أمتحان أو أختبار من المتقدمين للدراسه فيها للدراسات العليا.في حين ان نفس تلك الدول لم تطلب هذا الأختبار او الأمتحان من طلبه دول أخرى تستخدم اللغه الأنكليزيه كأساس في التعليم.ممكن ان تكون اللغه الأنكليزيه لغه ثانويه بعد اللغه الأصليه أي لغه الأم في تلك الدول العربيه والشرق أوسطيه وهذا ايظاً مفيد في تحسين لغه أبنائها حينما يرغبون الدراسه في الدول المتقدمه خاصه دراسات عليا

نشر البحوث ورسائل الماجستير والدكتوراه يجب ان تكون كتاباتها باللغه الأنكليزيه حتى يستطيع العالم التعرف على تلك الدراسات والبحوث من جانب ومن جانب أخر يتم التواصل والتعاون وحتى أقامه بحوث ودراسات مشتركه مع أكاديميين من جامعات مختلفه عالمياً.وهذا بالطبع يساعد ويساهم في تطور التعليم العالي في البلدان العربيه والشرق أوسطيه وهذا هو الهدف. بعض الدول العربيه لاتمتلك كادر أكاديمي كافي لتسيير الدراسه في جامعاتها لذلك عمدت إلى أستظافه أكاديميين من دول عربيه أخرى لديها أمكانيه وعدد كافي من الأكاديميين الجامعيين وهذا شيء جيد ومفيد في سبيل تطوير

جامعاتها .ولكن لوحظ ان هؤلاء الأكاديميين العاملين في دول ليس لديها أمكانيات كافيه من الأساتذه يعمدون إلى أساليب أقل ما يقال عنها مجامله للطلبه على حساب الماده العلميه الملقات وهذا بالطبع لايخدم تطور التعليم العالي ففي مثل هذه الحالات يجب التشديدعلى ان تكون الماده العلميه الملقات للطلبه غنيه وذات مستوى عالي وهذا يتم من خلال التوجيه والتركيزمن قبل القيادات الجامعيه والقيادات الأخرى في الكليات والأقسام التي تستضيف الأساتذه الجامعيين.وكذلك يتم من خلال أستطلاع أراء الطلبه حول الماده العلميه ومستواها

دول عربيه أخرى عمدت إلى أستظافه أساتذه أجانب في جامعاتها وكلياتها أيظاً بسبب عدم توفركادر جامعي أكاديمي كافي محلي.وهذا طريق جيد جداً مع تطعيم هذه الكوادر بأساتذه عرب أو من دول الشرق الأوسط ذو أمكانيات علميه ممتازه.وقد أثبتت هذه التجربه نجاحها ومن الممكن تعمل هذه الطريقه على تطوير التعليم العالي.فأستخدام أساتذه أجانب يساهم في تطوير التعليم العالي على أن يكون هؤلاء الأساتذه بالمستوى الرفيع وذوي أمكانيات علميه جيده جداً أغلب دول الخليج أتخذت هذا الطريق فهناك أساتذه أجانب إلى جانب أساتذه عرب يعملون في جامعاتها وكلياتها وهي تقدم كل الدعم المادي والبحثي لهم وهذا الطريق صحيح

السبيل لتطوير التعليم

العالي في الدول العربيه هوأبعاد الجامعات والكليات عن الخوض والأنغماس في الأمور السياسيه.واحد من الأسباب التي أدت وتؤدي إلى عدم تطور التعليم العالي هو محاوله الدوله أو الدول توجيه الجامعات والكليات بأتجاه خدمه النظام القائم.من المفيد أبعاد الكادر الأكاديمي في الجامعات والكليات عن الخوض في الأمور السياسيه.لابأس بالأستاذ الجامعي الذي يرغب في العمل السياسي ان يمارس ما يرغب به ولكن يجب عدم فرض ذلك على الأخرين من الأساتذه والأكاديميين كذلك عدم أجبار الطلبه على الخوض في الأتجاهات السياسيه لأن ذلك حتماً سوف يبعد الأستاذ الجامعي عن عمله الأكاديمي البحثي.

في الدول الأوربيه المتقدمه وبقيه دول العالم المتقدمه هناك أساتذه جامعيين يعملون في المجال السياسي ولكن ذلك لايوثر أطلاقاً على عملهم الأكاديمي اليومي.عكس ما يحدث في الدول العربيه.واحد من أسباب نجاح دول الخليج في مجال التعليم العالي هو عدم أشراك الأستاذ الجامعي في الأنشطه السياسيه والذي يرغب في ذلك من أبناء البلد بالطبع هو يتحمل النتائج والمعلوم أنه يجب عدم تأثير عمل السياسي على عمله الأكاديمي

لهدف السير بالأتجاه الذي يعمل على تطوير التعليم العالي في الدول العربيه يجب ان تكون الجامعات العربيه والكليات المنظويه تحت كل جامعه ذو مستوى رفيع ومتقدم وهذا يتم من خلال عدة أمور في مقدمتها ان تكون المحاظرات الجامعيه مركزه ومكثفه من حيث المضمون والمفردات وذات مستوى عالي من المعرفه والمعلومات بمستوى الجامعات الراقيه في العالم.
ثم بعد ذلك يجب ان يكون الأساتذه العاملين في الجامعات العربيه ذو مستوى رفيع وراقي ويحملون مؤهلات علميه عاليه المستوى وتجربه وخبره في التعليم العالي النظري والعملي أي البحثي حتى يستطيون توجيه الجامعه بالأتجاه الصحيح ورفع المستوى العلمي فيها لمصاف الجامعات الراقيه في العالم.
ثم يأتي بعد هذا كله موضوع الأنظمه والقوانين والتعليمات الجامعيه التي يجب ان تصب وتعمل بأتجاه خدمه الجامعه وتطورها.وهنا يجب ان تحدد االمحاظرات وعددها وساعاتها ومفرداتها لكل تخصص وبشكل دقيق وبمستوى الجامعات الراقيه.وهنا ايظآ يجب تحديد عدد ساعات الأستاذ الجامعي والأستاذ المساعد وتسهيل عمله في المحاظرات النظريه ماديآ لكي تساعده على التركيز في عمله الخاص بلبحوث والدراسات والأشراف على طلبه الدراسات العليا ويجب ان يراعى ايظآ المردود المالي للأستاذ الجامعي في عمله.
بقيه الأمور الأخرى والمهمه لتطوير التعليم العالي في الدول العربيه تختلف من بلد لأخر ويجب ان يراعى فيها ضروف كل بلد.وهذه الأمور الأخرى يمكن التعامل معها بسهوله وأيجاد السبل لدفعها بأتجاه خدمه التعليم العالي وتطوره في تلك البلدان

الفصل التاسع
Chapter Nine

التعليم العالي في بريطانيا
The Higher Education in Britain

ينظوي تحت مظله التعليم العالي في بريطانيا التعليم الجامعي بكل أنواعه وأقسامه وفروعه ويشمل كافه الكليات في المملكه المتحده والمعاهد التكنولوجيه بكل فروعها وأقسامها أيظاً.
وهذه الكليات والمعاهد موجوده في كل مدينه تقريباً من مدن المملكه المتحده.
أما الجامعات فهناك أكثر من مئه جامعه في المملكه المتحده.هذه الجامعات يتم تقيمها سنوياً وتسلسها من حيث السمعه والشهره ونشاطاتها الدراسيه والبحثيه كل ذلك يتم نشره في صحيفه الكاردين للتعليم العالي.
والتسلسل لايعتمد على السمعه والشهره فقط بل هناك درجات تعطى لكل نشاط ودور تقوم به الجامعه وذلك يشمل عدد الطلبه الملتحقين بالدراسه بالجامعه من حيث مستواهم العلمي وعدد التقيمات الحاصلين عليها،عدد البحوث المنشوره وأهميتها عالمياً في أغناء الفكر العالمي والتقني والتكنولوجي،عدد الأساتذه في كل جامعه الحاصلين على تقيمات عالميه مثل حصولهم على جائزه نوبل أو مشاركتهم في جوائز أخرى،عدد الطلبه الأجانب ونوعيتهم الملتحقين بكل جامعه،مدى مساهمه كل جامعه في البحوث والدراسات العالميه،مدى مشاركه كل جامعه مع جامعات أخرى في العالم من حيث البحوث المنجزه المشتركه بينهما.
ومستوى تلك الجامعات المشاركه مع الجامعات البريطانيه من حيث المستوى العلمي والعراقه والدور الذي تلعبه عالمياً في البحوث والدراسات العالميه،وأمور أخرى تؤخذ بنظر الأعتبار وتعتمد في تقييم الجامعات وعلى ضوء ذلك يتم أعطاء تسلسل من ١ إلى ١٠٠ وأكثر

كذلك يتم تقيم الكليات والمعاهد التكنولوجيه وأعطائها التسلسل الذي تستحقه على ضوء معايير محدده مثبته ومتفق عليها عالمياً.
من الملاحظ ان كل جامعه من الجامعات البريطانيه تعمل على المحافظه على موقعها العلمي وتسلسلها،
ومما لاشك فيه فأن التعليم العالي في بريطانيا راقي جداً وذو مستوى متقدم جداً ولذلك ترى عدد كبير جداً من الدول من مختلف الأتجاهات والثقافات في العالم تسعى إلى أرسال أبنائها للتعليم في المملكه المتحده.
كما ان عدد هائل من الطلبه من مختلف دول العالم يسعى للدراسه في بريطانيا ممن هم على نفقتهم الخاصه كل ذلك يتم نتيجه للمستوى الرفيع الذي تتمتع به الجامعات البريطانيه والمستوى العلمي الراقي

الطلبه البريطانيين يلتحقون بالدراسه الجامعيه أعتماداً على رغبه كل طالب في نوع الدراسه التي ينوي دراستها ثم يعتمد على التحصيل العلمي والتقدير بالدرجات التي يحصل عليها بعد أنتهاء الدراسه الثانويه يجب ان يحصل الطالب على مستوى عالي من الدرجات لثلأث مواضيع أو أكثر التقدير فيها أي كلهاوحصوله على مستوى الئي لفل وهو ما يعادل الدراسه A Level الثانويه البكلوريا في معظم الدول العربيه والشرق أوسطيه.
نفس الشئ بالنسبه لكليات طب الأسنان والصيدله ولكن بالنسبه للكليتين الأخرتين ربما يكون المطلوب من التحصيل مادتين أي والماده الثالثه بي حسب المستويات لكل سنه.
بمعنى يجب ان يكون الطالب حاصل على تقدير أي في الأقل في ثلاث مواد أو أربعه هي البايولوجي والكيمياء والرياضيات والفيزياء.أما أربعه أي أو ثلاثه أي وواحده بي في المواد المشار اليها سابقاً.

الجامعات البريطانيه تفتح أبوابها سنوياً مرتين أو ثلاثه في كل عام في فترات مختلفه تسمى يوم الجامعه المفتوح في الشهر العاشر من كل سنه وفي الشهر الثالث والشهر الخامس من كل عام .
في هذا اليوم المفتوح تستقبل الجامعه بكل كلياتها وأقسامها طلبه الثانويات أو من هم في المرحله النهائيه من ال أي لفل لكي يتعرف الطلبه على أقسام A level الجامعه وكلياتها.

وتستعد كل جامعه لهذا اليوم حيث تقوم كليات الجامعه وأقسامها بفتح أبوابها ومختبراتها وقاعاتها الدراسيه لأستقبال الطلبه.وتهيئ كل جامعه مجموعه من الطلبه من المراحل المنتهيه دراستهم أي من طلبه الصف الثالث بالجامعه هذه المجموعات من الطلبه تأخذ على عاتقها أرشاد الطلبه القادمين للدراسه أي الزائرين في جامعاتهم وتعرفهم وتدور بهم على كليات الجامعه وأقسامها كل حسب رغبته في زياره أي كليه أو قسم يرغب الدراسه فيه بعد أنهاء الدراسه الثانويه

من ناحيه الكليات والأقسام فهي
تهيئ عدد من الأساتذه من أختصاصات مختلفه لكي يقدموا شرح للدراسه في أقسامهم ومجالات العمل للطلبه بعد التخرج لكي يكون الطالب على علم بالمواد التي سوف يدرسها بكل كليه وقسم وكذلك يطلع على مجالات العمل المستقبليه له حتى يحدد من البدايه وعن رغبه شخصيه خاصه يحدد نوع الدراسه التي سوف يتخذها ونوع المستقبل والمجال الذي سوف يعمل به.

هذا النظام غير معمول به بالجامعات العربيه والشرق أوسطيه.حيث الطالب يدخل الجامعه بناءآ على معدله فقط الحاصل عليه بالدراسه الثانويه وليس

لديه معرفه بالكليات أو الأقسام في الجامعات او الجامعه التي سوف يدرس فيها.الرغبه لاتدخل في الأعتبار!
في بعض الدول عدا ألئك الطلبه الحاصلين على معدلات عاليه ويرغبون بالدراسه في كليات مثل الطب ومجموعاتها أو كليات الهندسه وأقسامها المختلفه

ما تقوم به الجامعات البريطانيه في اليوم المفتوح تقوم به أيظآ الكليات والمعاهد التكنولوجيه كل عام لكي يتم التعرف على نوع الدراسه في تلك الكليات والمعاهد والأقسام ومعرفه نوع الدراسه المتوفره في كل كليه ومعهد تكنولوجي.

الدراسه في الجامعات البريطانيه ليست مجانيه للبريطانيين وأنما الطالب يدفع أجور محدده للدراسه في الجامعه والأجور سنويه أي كل سنه يجب ان يدفع الطالب أجورتلك السنه.
ذوي الطالب او الطالب نفسه يدفع تلك الأجور.أذا كان ذوي الطالب ميسوري الحال وذو دخل سنوي عالي فهم يدفعون تلك الأجور أما أذا كان دخل عائلة الطالب أقل من سته عشر ألف باوند أسترليني سنوياً فأن الطالب من حقه الحصول على دعم مالي من قبل جهه تسمى دعم الطلبه التي تدفع الأجور الجامعيه للطالب سنوياً كما ان نفس تلك الجهه تدعم الطالب لكي يسد متطلبات الحياة المعيشيه اليوميه له من سكن ومصروفات العيش الأخرى من شراء غذاء وملابس ونقل تسمى هذه الجهه شركه قرض الطلبه فهو قرض يمنح للطلبه لدفع الأجور الجامعيه كل سنه وراتب شهري لسد تكاليف المعيشه.
الطالب مطالب بسد وأسسترجاع هذا القرض بعد التخرج ولكن بشرط ان يحصل على عمل بعد التخرج ويكون راتبه او دخله الشهري أكثر من خمسه عشر ألف باوند أسترليني سنوياً
فأذا حصل على عمل ولكن راتبه السنوي أقل من خمسه عشر ألف باوند لايبدء بدفع القرض حتى بلوغ المبلغ المشار إليه أعلاه.
يجب الأشاره هنا إلى ان هذا القرض تفرض عليه نسبه من الفائده بعد تخرج الطالب لحين تسديد المبلغ.الجهه المانحه لقرض الطلبه لديها أمكانيه قرض أكثر للطلبه أذا طلب الطالب ذلك وهناك شروط محدده يجب ان تتوفر بالطالب لكي يحصل على قرض أظافي أو دعم مالي مضاف

من ذلك ترى ان الحكومه البريطانيه تعلن في قوانينها ان الدراسه في الجامعات غير مجانيه للطلبه الأنكليز ويجب ان يدفع الطالب تلك الأجور سنوياً،ولكنها بنفس الوقت تدعم الطلبه وتوفر لهم المبالغ اللازمه لسد الأجور الجامعيه ولسد تكاليف المعيشه لكل طالب.

مع ذلك ترى الأجور الجامعيه تزداد بين فتره وأخرى وهي عموماً في تصاعد مستمر وأخر زياده في الأجور الجامعيه حصلت عندما تولى حزب المحافظين السلطه بالمشاركه مع حزب الأحرار الديمقراطي حيث قرر الحزبان والحكومه البريطانيه رفع أجور الدراسه الجامعيه من ثلاثه ألاف باوند أسترليني في للسنه الواحده إلى تسعه ألاف باوند للسنه اواحده.
وقد أعطت الحكومه البريطانيه الحق لكل جامعه لكي تقرر مقدار الزياده في الأجور الجامعيه للطلبه حسب ماتراه كل جامعه وحسب الرقي العلمي
وبالنتيجه رأينا ان كافه الجامعات البريطانيه قررت رفع الأجور الجامعيه إلى تسعه ألاف باوند استرليني.بغض النظر عن تسلسها العلمي في قائمه التعليم العالي البريطانيه وكان مبرر الجامعات ان الحكومه البريطانيه قررت تخفيض دعمها للجامعات بنسبه عشرين إلى ثلاثين بالمئه عما كانت عليه نسبه الدعم قبل عام ٢٠١٠.
وهو عام وصول تشكيل الحكومه الأتلافيه من حزب المحافظين والأحرار بينهما.
وهذه الزياده ولدت حركه من الأحتجاجات العنيفه قام بها الطلبه ضد خطوه رفع الأجور الجامعيه نتج عن تلك الأحتجاجات أعمال عنف وحرق متاجر وسيارات وممتكات عامه وخاصه

بالنسبه للطلبه الأجانب
الذين يرغبون بالدراسه في الجامعات البريطانيه يطلب منهم في العاده أمتحان اللغه الأنكليزيه أغلب الجامعات تشترط أمتحان اللغه وحصول الطالب على معدل ٧ في أمتحان اللغه الذي يسمى الأيلز وهذا Elise test الأمتحان يشمل على أختبارات أربعه باللغه الأنكليزيه هي أختبار الأستماع وأختبار القراءه أختبار الكتابه وأختبار التكلم باللغه الأنكليزيه والمعدل يجب ان يكون ٧ من عشره.
بعض الجامعات ربما تطلب أكثر من معدل ٧ بعد تقديم الطالب الشهاده الازمه بأمتحان اللغه يتم منحه قبول بالدراسه في الجامعه وهي الدراسه الجامعيه الأوليه التي غالباً ما تكون مدتها ثلاث سنوات عدا كليات الطب خمس سنوات وطب الأسنان أربعه سنوات والصيدله أربعه سنوات أيظاً.
الدراسه الجامعيه مدتها ثلاث سنوات في كل الأختصاصات سواءاً كانت أختصاصات علميه أم أدبيه أم موسيقى أو فن نحت وما إلى ذلك.
المعاهد والكليات التكنولوجيه مدتها تختلف من دراسه لأخرى ومن معهد وكليه

الدراسات العليا في الجامعات البريطانيه متوفره في كافه الجامعات الذي عددها يفوق المئه جامعه.
الدراسات العليا بالنسبه للبريطانيون تعتمد على توفرها في الكليات والأقسام المختلفه والمقصود بتوفرها هو حصول الطالب على مقعد للدراسات العليا

والمقعد يتم الحصول عليه بعد توفر الدعم المالي من قبل جهات تطلب أجراء بحوث.
وهذه الجهه او الجهات عددها كبير جداً حيث تعلن عن حاجتها للبحث او للبحوث وعندما تعلن عن حاجتها هذه يقوم الأساتذه بتقديم طلباتهم للجهه المعلنه لتوفر الدعم المالي.وطلبات الأساتذه المقدمه تتضمن خطه للبحث او خطه للدراسات العليا وبعد موافقه الجهه هذه على طلب الأستاذ يتم منح فرصه الدراسه للأستاذ المعني الذي بدوره يعلن عن وجود فرصه لدراسه الماجستير او الدكتوراه مع توفر الدعم المالي الذي يتضمن أجور الجامعه أضافه الى راتب سنوي للطالب المقبول للدراسات العليا ويقوم الطلبه الراغبين بالدراسه في الأختصاص المعلن والراغبين بالدراسه في نوع وطبيعه البحث المعلن تقديم طلباتهم للأتحاق بالدراسات العليا ثم تقوم لجنه خاصه بدراسه كل الطلبات المقدمه للدراسه ويتم أختيار مجموعه محدده منهم ترشح أحدهم للقبول بعد أجراء مقابله لكل الممكن قبولهم لتلك الدراسه يتم أختيار واحد او أكثر للدراسات العليا مع أختيار أحتياط واحد او أكثر وفي حاله أبلاغ الطالب بقبوله للدراسات العليا أذا وافق على ذلك الترشيح يتم الألتحاق بالدراسه.

بعض الأقسام في الكليات تقدم منح لدراسه الماجستير او الدكتوراه ويتم الأعلان عن هذه المنح وعددها ويحدد موعد للتقديم وتجري الأختبارات على ضوء ما ذكر أعلاه

دراسه الماجستير في المملكه المتحده تكون مدتها سنه واحده تشمل الألتحاق بالدراسه النظريه اى الكورس يدرس الطالب مجموعه من المواد ولمده سته أشهر تقويميه وهي عادة سبعه أشهر بعدها يكتب الطالب بحث يسمى دزيرتيشن على ان يتم الأنتهاء منه خلال مده ثلاثه أشهر وممكن تمديد هذه الفتره لمدة ثلاث أشهر أخرى حتى يكون الموعد النهائي لتقديم بحث الماجستير هو الشهر الثاني عشر من السنه اي شهر ديسمبر.
يتم أرسال بحث الماجستير إلى الممتحن الخارجي وهو الذي يقرر نجاح الطالب وأستيفاء دراسه الماجستير أو رفض البحث أو طلب بعض التعديلات على البحث.

هناك دراسه للماجستير تقوم على أساس البحث العملي التطبيقي دون وجود نظريه أو أمتحان ومدة هذه الدراسه أيظآ سنه Dissertationكورس دراسه كامله يقدم الطالب قبل نهايه المده دزرتيشن ترسل للممتحن الخارجي أيظاً ويقرر هو نجاح الطالب أم طلب تعديلات أو رفض الدزرتيشن كلياً.

بعض الجامعات التي تعتمد نظام دراسه الماجستير عن طريق البحث قد يتم تحويل الطالب من مرحله الماجستير المسجل عليها للدراسه إلى مستوى أعلى

تسمى أمفل وهي شهاده فوق درجه الماجسستير وأقل من درجه الدكتوراه والأستاذ المشرف هو الذي يقرر تحويل الطالب من مرحله الماجستير إلى مرحله الأنفل بناءآ على توصيه يرفعها للجامعه

دراسه الدكتوراه في بريطانيا تختلف عنها في أمريكا أو غيرها من الدول الأوربيه وبقيه دول العالم حيث ان دراسه الدكتوراه تتم عن طريق بحث يجري لمدة لايقل عن ثلاث سنوات ولا تزيد عن خمسه سنوات دون وجود دراسه نظريه اي كورس كما هو الحال في أمريكا حيث هناك دراسه نظريه كورس أظافه إلى بحث للدراسه يجب ان يقوم به الطالب للحصول على شهادة الدكتوراه.

والطالب الحاصل على فرصه للدراسات العليا الدكتوراه يحصل عليها grant من خلال دعم كرانت،هذا الدعم الكرانت تقدمه أيظآ جهات مختلفه ومتعدده،شركات أهليه،جهات حكوميه مختلفه،جمعيات خيريه،مراكز بحثيه،مراكز دراسيه،تقدمه أيظآ جامعات وكليات متعدده.

الكرانت يتظمن أجور الدراسه الجامعيه للدكتوراه.وهي تختلف عن الأجور للدراسه الجامعيه الأوليه أيظآ يتضمن الكرانت راتب سنوي للطالب يسد متطلبات العيش والسكن والنقل ولمده قد تكون ثلاث سنوات أو أربع سنوات.

وهذا الكرانت يقدم أيظآ للأستاذ الجامعي وتحت أشرافه ثم الأستاذ يعلن عنه وعن شروط وطبيعه البحث والدراسه للدكتوراه.

الجهات المقدمه للكرانت قد تكون بنوك أو مؤسسات ماليه أو الأتحاد الأوربي أو أشخاص يتمتعون بأمكانيات ماليه ضخمه يقدمون الكرانت تحت أسمائهم الخاصه أو مجموعه من الأشخاص تؤسس كرانت وتمنحه لعدد من الطلبه لغرض دراسه الدكتوراه في أختصاصات مختلفه ومتنوعه.

الجامعه نفسها والكليات التابعه لها تقدم أيظآ كرانت سنويآ لغرض دراسه الدكتوراه هناك جهات ومؤسسات مختلفه ودول أيظآ ومن مختلف دول العالم تقدم عدد من الكرانت لغرض تشجيع الطلبه على الدراسات العليا وحتى تتمتع هي بسمعه جيده وتكون معروفه على مستوى العالم

بالنسبه للطلبه غير البريطانيين ففي

الغالب دراسه الماجستير او الدكتوراه تكون على نفقه دولهم حيث تقوم تلك الدول وهم بأعداد كثيره جدآ بأرسال طلبتها للدراسات العليا في المملكه المتحده وتوفر لهم بعثات أو زمالات دراسيه.

قسم من الطلبه غير البريطانيين يحصلون على دعم اي كرانت من جهات مختلفه تقدم هذا الكرانت والمنافسه عادة تكون قويه بين المتقدمين.والجامعه تشترط أيظآ أمتحان للغه الأنكليزيه للطالب المقبول بالدراسات العليا.

بعض الطلبه الأجانب يدرسون للماجستير او للدكتوراه على نفقتهم الخاصه هنا تشترط الجامعه تتقديم ما يثبت ان الطالب لديه أمكانيه لسد نفقات الجامعه من أجور الجامعه وتكاليف معيشه من سكن ونقل ومصروفات غذاء

وملابس وما إلى ذلك والشئ الجيد هنا ان الجامعه تقدم للطالب الذي يرغب بالدراسات العليا تقدير بتكاليف الدراسه سنوياً يشمل هذا التقدير أجور الجامعه وبقيه المصروفات الازمه للطالب.

British council

البرتش كاونصل يقدم سنوياً عدد من الفرص لدراسه الماجستير والدكتوراه لدول مختلفه من العالم يتظمنها شروطه الخاصه والأختصاصات المتوفره حسب الدول التي يعمل بها وله مكاتب فيها.
أعداد كثيره جداً من الطلبه من مختلف دول العالم من الصين والشرق الأوسط وجنوب شرق أسيا وأفريقيا وأمريكا الاتينيه والدول الأوربيه الشرقيه غالباً وكذلك الدول الأوربيه من غرب أوربا يدرسون حالياً في مختلف الجامعات البريطانيه يدرسون دراسات عليا للماجستير والدكتوراه

التعليم العالي في بريطانيا في حركه ديناميكيه كل عام دراسي.فترى كل كورس يحتوي على مجموعه من المواد الدراسيه محدده بالأسم وهذه المواد كل ماده لها وحدات معينه تحسب سنوياً فكل طالب في نهايه دراسته الجامعيه الثلاث سنوات مطالب بجمع عدد معين من الوحدات حسب الأختصاص مثل الكيمياء والفيزياء والرياضيات والطب تختلف عدد وحداتها عن الأقتصاد وأداره الأعمال والماليه والبنوك والمحاماة.
وترى ان هذه المواد الدراسيه تتغير من عام لأخر وهي غير ثابته ونادراً ما ترى ماده تدرس لمده طويله ثلاث سنوات او خمسه وهذا ما نقصده بالحركه الديناميكيه للتعليم العالي في بريطانيا.
فماده معينه تجدها هذا العام بمفردات معينه أيظاً لاتجدها بنفس الأسم ونفس المفردات في العام الذي يليه وأنما تستحدث مواد جديده أو ماده جديده وتلغى الماده السابقه وهذا لايحتاج إلى مؤتمر على مستوى البلد وأنما القسم المعني هو الذي يحدد ذلك قد يكون بناءاً على توصيه من قبل المسؤول المشرف على الكورس.هذا النظام عماد التطور العلمي.

كثيراً ما نرى في الجامعات البريطانيه دراسه للماجستير في موضوع معين تلغى في السنه التاليه وقد تتطور هذه الدراسه وتضاف اليها مواد جديده تصب في موضوع الأختصاص وتكون ذات فائده علميه كبيره للطالب الدارس للماجستير والذي يحدد ذلك هو الأستاذ المحاظر للماده او مجموعه من الأساتذه أثنين او ثلاثه من الأساتذه المحاضرين الذين يدرسون في ذلك الكورس.
أما بالنسبه لدراسه الدكتوراه قبول الطالب يتبع الأسلوب التالي،فأن طلب كل طالب راغب بدراسه دكتوراه يحول من قبل الجامعه المعنيه إلى القسم الذي فيه الأختصاص الذي يرغب الطالب بدراسته والقسم بدوره يحول الطلب إلى

الأستاذ ذو الأختصاص المطلوب ثم الأستاذ يقرر اذا كان يرغب بالأشراف على ذلك الطالب أم لا.

بالنسبه للطلبات التي تقدم على أساس توفر كرانت اي دعم مالي في اي قسم،فأن الأستاذ الذي سوف يشرف على دراسه الدكتوراه سيكون محدد وعضو في لجنه تقرر منح الكرانت للطلبه المتقدمين للدراسه للحصول على شهادة الدكتوراه

نرى من ذلك ديناميكيه متحركه على طول الخط وفي كل سنه في التعليم العالي بدأ من الدراسه الجامعيه الأوليه إلى دراسه الماجستير ثم الدكتوراه وهذا هو أساس تقدم التعليم العالي في الدول المتقدمه وأساس تقدم بحوث ودراسات متطوره على الدوام تصب في تقدم وتطور العلم على مستوى العالم.

أيظاً من الأمور المهمه للتعليم العالي في بريطانيا فأننا لا نجد قوانين أو أنظمه أو تعليمات تحد من تطور التعليم العالي في هذا البلد.هناك قوانين وأنظمه وتعليمات عامه تصدر من الدوله أو من وزاره التعليم العالي البريطانيه ولكن كل جامعه لها مركزيه مطلقه في التعامل مع تلك القوانين والأنظمه والتعليمات بالشكل الذي يناسب كل جامعه،فالجامعه مستقله،وكل جامعه مستقله بشكل كامل عن بقيه الجامعات في كل بريطانيا.
كل جامعه تحدد سياستها التعليميه بما يراه رئيس الجامعه ومجلس الجامعه.فعلى سبيل المثال حينما قررت الحكومه في عام ٢٠١٠ رفع الأجور الجامعيه من ٣٠٠٠ باون أسترليني للدراسات الجامعيه الأوليه إلى ٩٠٠٠ باون في السنه على ان يطبق ذلك في عام ٢٠١٢ أعطيت الجامعات الحق في رفع نسبه الأجور بالنسبه والمبلغ الذي تراه مناسباً لها أي تستطيع بعض الجامعات رفع المبلغ من ٣٠٠٠ باون إلى ٤٠٠٠ باون أو ٥٠٠٠ أو ٦٠٠٠ أو ٩٠٠٠ باون حسب ما تراه الجامعه.هذا على سبيل المثال.
وبقيه الأمور تخضع لسياسه كل جامعه على حده.فلا توجد قوانين أو تعليمات تقيد الجامعات وتفرض عليها سياسات معينه عكس ما يحدث وما هو موجود في الدول العربيه ودول الشرق الأوسط وهذا التقييد في تصرف الجامعات هو واحد من الأسباب الذي يؤخر مسيره التعليم العالي ويؤخر تطوره في تلك الدول

الجامعات هي مؤسسات مستقله كلياً وتعمل ضمن رؤى علميه بحته يقودها أساتذه على مستوى راقي من التقدم العلمي وكل رئيس جامعه له خبره علميه واسعه وبحوث وتجارب أكاديميه.
وهذا المنصب رئيس جامعه فترته خمس سنوات ويعلن عنه في الصحف وخاصه التايمز Times and guardian of higher education news

والكارديان للتعليم العالي ويتقدم لكل منصب رئيس جامعه عدد من paper الأساتذه مؤهلين لقياده الجامعه ويتم أختيار الأنسب في الغالب وفق المعايير المعلن عنها ومن الممكن تجديد الفتره لمده خمسه سنوات أخرى أذا لم يتقدم أحد لشغل المنصب أو أذا رائ مجلس الجامعه ضروره لأستمرار رئيس الجامعه بمنصبه لغرض تطوير الجامعه وتقدمها.وليس هناك مجال لأي عوامل أخرى ان تلعب دورها مثل العوامل السياسيه أو الحزبيه أو العشائريه وغيرها كما هو الحال في دول الشرق الأوسط.
مع ذلك هناك بعض الحالات التي تم رصدها في بعض الجامعات فترى ان رئيس الجامعه يتجه لدعم الأختصاص الذي يحمله أكثر من غيره بعض الشئ فأذا كان أختصاص رئيس الجامعه في مجال علم النفس تراه يدعم الكليه التي تدرس هذا الأختصاص ويوفر بعض المساعده لتلك الكليه ويطورها.ولو ان مثل هذه الحالات قليله ولا يمكن تعميمها في بريطانيا على مستوى التعليم العالي.حيث تبقى الجامعات العريقه والمشهوره عالمياً في بريطانيا بعيده كل البعد عن هذا الأتجاه

من الملاحظ أيظاً ان أي رئيس جامعه عندما يستلم منصبه يعمل على أحداث تغيرات في هيكل الجامعه وكلياتها وأقسامها وقد يتم أستحداث أقسام جديده هدفه من ذلك العمل على تطوير الجامعه ووضع مسيره التعليم العالي في الجامعه إلى الأمام.

تقيم الطلبه في الجامعات البريطانيه يعتمد بالدرجه الأولى على أستاذ الماده كما هو الحال في جامعات الدول العربيه والشرق أوسطيه وهو نفس الأسلوب المعمول به في كل دول العالم.
بعض الأساتذه يعتمد في تقيم الطلبه على تقارير دوريه يعدها كل طالب أو مجموعه من الطلبه ثم يتم مناقشتها أمام بقيه الطلبه في نفس المجموعه.
وهذه التقارير والمناقشه تدخل في الأعتبار عند تقيم كل طالب.
بعض الأساتذه يطلب من الطلبه التحضير لأمتحان واحد على الأقل خلال الفصل الدراسي الواحد أي خلال الكورس الواحد وهذا الأمتحان أو أحياناً عدد معين من الأمتحانات أيظاً يدخل في الأعتبار عند تقيم الطالب ووضع تقدير بالدرجات عند نهايه الفصل.
أظافه لما ذكر سابقاً فهناك أمتحان شامل للطلبه في كل مرحله عند نهايه كل فصل وهذا الأمتحان الشامل تشرف عليه في الغالب الجامعه وليست الكليه أو القسم فيكون أمتحان مركزي شامل لكل ماده فصليه.
تعتمد فيه سريه أسماء الطلبه.وأستاذ الماده في الغالب لا يحضر أثناء أمتحان الطلبه لمادته.
يستلم أستاذ الماده الدفاتر الخاصه بالأمتحان للماده التابعه له وهو يقوم بتصحيح الدفاتر وأذا كان أكثر من أستاذ يشتركون في تدريس الماده الواحده

كل أستاذ يصلح الأسئله الخاصه به وتسلم الدرجات من الأستاذ إلى الجامعه والجامعه تقوم بأعلان النتائج الفصليه النهائيه للطلبه
وهو نفس الأسلوب المتبع في الجامعات العربيه الفرق الوحيد هو ان القسم او الكليه المعنيه هي التي تأخذ على عاتقها الأعداد للأمتحان الفصلي للطلبه أو الأمتحان النهائي وليست الجامعه.

حتى في بريطانيا الجامعات الكبيره ذو الكليات المتعدده بأعداد كبيره جداً فأن كليات الجامعه وأحياناً الأقسام تقوم بمهمه الأعداد للأمتحانات والأشراف عليها وأعداد المراقبين والمشرفين على الأمتحانات سواءآ كانت فصليه أم نهائيه.

التقيم او الأمتحانات في الجامعات البريطانيه لها رهبه وأهميه كبيره وأهتمام بالغ من قبل كليات الجامعه وأقسامها ومن قبل الجامعه نفسها.

أما بالنسبه للدراسات العليا الماجستير والدكتوراه.فدراسه الماجستير التي تتضمن دروس نظريه يتم الأمتحان عادة في شهر أيار مي من كل عام وهو أمتحان مركزي تقوم الجامعه بالأعداد والأشراف عليه ثم تعلن نتائج الأمتحانات بعد شهر أو أقل فالطالب المستوفي للشروط يطلب منه أعداد بحث وكتابه دزرتيشن ومدة هذا البحث مع الكتابه ثلاث أشهر على الطالب تقديم بحث للجامعه بشكله النهائي أي في شهر سبتمبر وأذا كان الطالب يحتاج لفتره أخرى ممكن تمديد أشهر أخرى على ان يكون الموعد النهائي لتسليم الدزرتيشن هو شهر ديسمبر من كل عام
دراسه الدكتوراه في الجامعات البريطانيه تكون على شكل بحث.الطالب يشتغل ويبحث في موضوع الدراسه لمدة ثلاث سنوات متواصله وربما أكثر تصل إلى أربع سنوات.بعد الأنتهاء من البحث أو في بعض الأحيان خلال أجراء البحث يقوم الطالب بكتابه بعض فصول أطروحه الدكتوراه مثل المقدمه أو بعض الفصول النظريه لكي يستفيد من الوقت.
على ان يقوم الطالب بتسليم أطروحه الدكتوراه بعد المده المقرره وهي لا تقل عن أربعه سنوات بالنسبه للطلبه غير البريطانيين،وقد تكون أقل من ذلك بالنسبه للطلبه البريطانيين Thesis.

وهناك لجنه ممتحنه تسمى الفايفا تتكون من الأستاذ المشرف على الأطروحه وأستاذ من داخل الجامعه التي يدرس فيها الطالب وأستاذ خارجي اي من خارج الجامعه التي يدرس فيها الطالب وهو في الغاب الأستاذ الممتحن الرئيسي بعض الجامعات لجنه الفايفا تتكون من الأستاذ المشرف ومن الأستاذ الممتحن الخارجي.

قبل تشكيل لجنه الفايفا يسلم الطالب عدة نسخ من الأطروحه للجامعه،والجامعه تقوم بأرسال نسخه للأستاذ الممتحن الخارجي قبل شهر او أكثر ،بعدها يتم تحديد موعد الفايفا وهي في الغالب تكون على شكل رسمي بمعنى بعد ان تتم مناقشه الطالب لأطروحته قد يطلب الأستاذ الممتحن بعض التصليحات أو الأظافات أو قد يطلب أجراء بحث أظافي للأطروحه ولكن مثل هذه الحالات نادره.والسبب لأن الأستاذ المشرف يكون على علم ومعرفه بالبحث بشكل كامل وهو الذي يحدد فيما أذا يحتاج الطالب أجراء تكمله لبحثه ام لا.
طالب الدكتوراه يبلغ بنتيجه الفايفا بعد أنتهاء جلسه المناقشه في أغلب الأحيان من قبل الأستاذ المشرف أو من قبل الأستاذ الممتحن

الجامعات البريطانيه بدأت تركز وبشكل كبير جداً على الطلبه من خارج المملكه المتحده خاصة بعد ٢٠١٢ والسبب لأن الحكومه البريطانيه قلصت ميزانيه الجامعات بنسبه كبيره تصل إلى ٢٠-٣٠% عن السابق أي قبل عام ٢٠١٠.

الطلبه من خارج المملكه المتحده يدفعون أجور دراسيه عاليه جداً وهذه الأجور تساهم في أمداد كل الجامعه بمصادر ماليه مهمه الجامعات في أشد الحاجه لها.
لذلك ركزت الجامعات على طلبه من الصين وجنوب شرق أسيا ومن الشرق الأوسط خاصة الدول النفطيه الغنيه وعلى طلبه من شمال أفريقا وأفريقيا عموماً ومن كل دول العالم طالما كانت هناك رغبه من تلك الدول لأرسال طلبتها للدراسه في الجامعات البريطانيه.
ولكن رغبه الجامعات هذه تصطدم مع هدف وزاره الداخليه البريطانيه وخاصة القسم المسؤول عن الأقامه وتصريح العمل حيث ان وزاره الداخليه البريطانيه تعمل على تقليص عدد الوافدين للمملكه المتحده سواءآ للدراسه أو العمل وبشكل خاص عملت وزاره الداخليه على تشديد الأجراءات لمنح تأشيره الدخول للمملكه المتحده من قبل الطلبه والسبب في ذلك يعود إلى الأعداد الكبيره جداً من الطلبه الوافدين للمملكه المتحده والذين لا يعودون لبلدانهم أو يسجل للدراسه في أحدى الجامعات ولكن عند وصوله والتسجيل لا يستمر بالدراسه وأنما يعمل أو يختفي في المملكه المتحده.
فكانت هذه مشكله بين الجامعات التي ترغب بزياده أعداد الطلبه الوافدين للدراسه وبين تعليمات وزاره الداخليه التي تعمل على تقليص أعدادهم.

التعليم العالي في بريطانيا من خلال الجامعات التي تمثله تقدم سنوياً مئات البحوث والدراسات في كافه المجالات الطبيه والصيدلانيه والهندسيه والكيميائيه والفيزيائيه وعلوم الأجنه والوراثه وكافه العلوم التطبيقيه والنظريه وهذه البحوث تلعب دورها عالمياً في تطور الحياة البشريه

الفصل العاشر
Chapter Ten

الجامعات والكليات الأهليه ونظمها التعليميه
Private Universities, Colleges, and its System Education

أنتشرت في الدول العربيه والشرق أوسطيه ظاهره الجامعات والكليات الأهليه أنتشاراً واسعاً في معظم تلك الدول.
وهذه الظاهره عمرها قد لا يزيد عن عشره إلى عشرين سنه من عام ٢٠٠٠ وهي حاله هدفها أستيعاب خريجين الثانويات العامه الذين لا يحصلون على مقاعد في االجامعات الرسميه هذا أولاً وثانياً أستيعاب أعداد أخرى من الطلبه الذين لم يحالفهم الحظ في أكمال دراستهم الجامعيه بعد تخرجهم من الثانويات العامه أما بسبب ألتحاقهم بوظائف عامه بالدوله وغالباً هؤلاء يكونون من الطلبه أو العاملين ذوي الأحوال الأقتصاديه المحدوده أو المسؤلين عن أعاله عوائلهم فهذه فرصه لهم للأكمال دراستهم.

ومن ضمن الأهداف في تشجيع فتح الجامعات والكليات الأهليه هو توسيع قاعده التعليم الجامعي في المجتمعات التي قامت دولها بالسماح لفتح مثل هذه الجامعات والكليات.
وقد أستوعبت هذه الجامعات والكليات أعداد كبيره من الطلبه الذين لولا تلك الجامعات والكيات لكانت هناك صعوبات في أكمال دراستهم الجامعيه وبتالي الحصول على فرص عمل بمستوى التحصيل الجامعي لا بل قسم منهم حالفهم الحظ في أكمال دراسته العليا للماجستير والدكتوراه.

معظم هؤلاء الطلبه المقبولين في تلك الجامعات والكليات الأهليه من الطلبه الشباب الذين
أعمارهم بأعمار طلبه الجامعات الرسميه أي أنها لم تمنح الفرصه للراغبين بالدراسه من هم في أعمار أكبر من أعمار طلبه الجامعات الرسميه وهذا يعني ان الهدف الثاني من تشجيع فتح هذه المؤسسات التعليميه لم يتحقق أذ لم يسمح لهذه المجموعه العمريه من الراغبين بأكمال دراستهم الجامعيه بالقبول والدراسه في هذه الجامعات.

مع ذلك فأن بعض الدول العربيه والشرق أوسطيه وفرت فرصه للراغبين بالدراسه الجامعيه من الأعمار أكبر من أعمار الطلبه الجمعيين في الجامعات الرسميه بالقبول بدراسه مسائيه في الجامعات الرسميه مقابل أجور زهيده في بعض الأحيان وكان هدف ذلك من قبل تلك الدول التي ساعدت على فتح هذه

الجامعات للدراسه المسائيه هو أستيعاب هؤلاء الذين لم تسنح لهم فرصه أكمال دراستهم الجامعيه من حين تخرجهم من الثانويه العامه وهذا عمل يحسب لتلك الدول العربيه التي سمحت فتح جامعاتها للدراسات المسائيه للطلبه.

وقد أثبتت هذه التجربه نجاحها حيث شملت الأختصاصات التي تم تدريسها مسائياً القانون والعلوم السياسيه وأداره الأعمال والمحاسبه وغيرها من الأختصاصات وقد أنظم لهذه أعداد كبيره ومن شرائح مختلفه من المجتمع الواحد مثل العسكرين ومن هم ضباط ومدرسين أو معلمين على الملاك الأبتدائي ومنهم موظفين في مؤسسات الدوله المختلفه

رغم ان هذه الدراسه أي الدراسه الجامعيه المسائيه تختلف عن الدراسه في الجامعات والكليات الأهليه من حيث أنها تخضع لنظم التعليم العالي في كل دوله عربيه أو شرق أوسطيه.مع ذلك تم الأشاره لها هنا في هذا الفصل بشكل مختصر جداً لأيضاح الدور المهم الذي قامت به بعض وزارات التعليم العالي في البلاد العربيه بعيداً عن القطاع الخاص في الجامعات والكليات الأهليه.

تجربه فتح الجامعات والكليات الأهليه مرت بمخاض عسير حيث كانت تجابه بالرفض من قبل بعض وزارات التعليم العالي في الدول العربيه في حين ان البعض الأخر من هذه الوزارات في الدول العربيه وحتى الشرق أوسطيه لم تقم بهذه التجربه لحد الأن ونحن في القرن الواحد والعشرين وقد تجاوزنا العقد الأول منه.

والسبب وراء عدم خوض هذه التجربه أما لأن أمكانيات تلك الدول ضعيفه من حيث توفر الكادر العلمي الموهل للقيام بالتدريس أو بسبب عدم إيمان تلك الدول بهذه التجربه التي في نظر تلك الدول تبعد التعليم العالي عن منهجه ومنهج الدول تلك من حيث توفير التعليم المجاني لمواطنيها.

لابد من الأشاره إلى ان تجربه الجامعات والكليات الأهليه في الوطن العربي والدول الشرق أوسطيه تمتد إلى فتره بعيده قد تصل في بعض تلك الدول إلى فتره ما بعد الحرب العالميه الثانيه في القرن الماضي القرن العشرين بعد عام ١٩٤٥ ولكن نحن نعتقد ان تلك الجامعات الأولى تختلف كل الأختلاف عن الجامعات والكليات الأهليه التي تشكلت في بعض الدول العربيه في فترة أواخر القرن العشرين وتوسعت أكثر في أوائل القرن الواحد والعشرين.

تشكلت في أواخر القرن العشرين بعد عام ١٩٩٠-١٩٩١ بعد حرب الخليج الثانيه حرب الكويت.

الجامعات الأهليه الأولى التي تشكلت بعد الحرب العالميه الثانيه كانت ولا تزال على مستوى عالي من الجوده.

تشكلت الجامعه الأمريكيه في لبنان بيروت وجامعه الحكمه في العراق بغداد وهذه من أولى الجامعات الأهليه في البلاد العربيه والشرق أوسطيه ثم الجامعه الأمريكيه في أيران طهران أيام شاه أيران.
ثم بعد هذه الجامعات بفتره طويله تشكلت الجامعه الأمريكيه في مصر القاهره وأخرى في الأسكندريه.
هذه الجامعات الأولى في البلاد العربيه في بيروت وبغداد كان الكادر التدريسي فيهما من الأمريكان والأنكليز ومعهم أساتذه من العراق ولبنان وبقيه الأساتذه من البلدان العربيه حيث توفرهم وكلهم على مستوى عالى من الجوده والأمكانيات العلميه الممتازه.
معظمهم خريجي الجامعات الأمريكيه والبريطانيه والفرنسيه.
ولكن نتيجه للأوضاع السياسيه في بعض تلك الدول تم أغلاق تلك الجامعات الأهليه كما حصل لجامعه الحكمه في بغداد العراق حيث أغلقت وتم توزيع طلبتها على الجامعات الرسميه العراقيه وترك الخيار لكادرها التدريسي أما الأنظمام إلى الجامعات الرسميه أو مغادرة العراق وقد غادر العراق أغلب الكادر التدريسي الذي كان يعمل في جامعه الحكمه عدى قسم قليل فضل الأنظمام للجامعات الرسميه وقد حدث ذلك بعد عام ١٩٦٨ في العراق

في بيروت ظلت الجامعه الأمريكيه صامده حتى يومنا هذا وقد تخرج منها عدد كبير من الطلبه كان لهم شأن مهم في الحياة العامه في بلادهم سواءآ في المجال السياسي والدبلوماسي أو في مجال الأدب واللغه العربيه والشعر وغير ذلك من مجالات الحياة الأخرى.

الجامعه الأمريكيه في القاهره كانت تعمل أيام العهد الملكي عهد الملك فاروق ولكن بعد ثورة ١٩٥٢ أغلقت تلك الجامعه أيظآ.
أذآ هذه الجامعات كانت موجوده منذ عهد بعيد ولكنها تختلف كليآ عن الجامعات والكليات الأهليه التي تشكلت مؤخرآ كما أسلفنا.

كذلك يجب ان لا نغفل الجامعات والكليات والمدارس الدينيه في بلاد الوطن العربي ودول الشرق الأوسط فكلنا يعلم مدى عراقة ودور جامعه الأزهر في مصر وهي تمتد إلى مئات السنين في تأسيسها وخرجت فحول في الفقه الأسلامي واللغه العربيه.

وكذلك الكليات والمدارس الدينيه في النجف الأشرف في العراق حيث تمتد إلى مئات السنين وقد تخرج منها علماء دين في الفقه الشيعي وصلوا إلى درجه عاليه من العلم والمعرفه إلى درجه أية الله في الفقه والعلوم الشيعيه.

كذلك جامعه القيروان في تونس حيث تخرج منها أساتذه في التصوف والعلوم الأسلاميه.

هذه الجامعات والكليات تختلف عن ما نريد ان نتطرق له من الجامعات والكليات الأهليه التي تم تشكيلها حديثآ.
كذلك في أيران هناك الكليات والمدارس الدينيه التي تدرس العلوم والفقه والأقتصاد الأسلامي ضمن المنظور والرؤى الشيعيه تلك المراكز مقرها في الغالب مدينه قم الأيرانيه وغيرها من المدن.وأيران دوله من دول الشرق الأوسط.

شهدت بعض الدول العربيه حركه غير مسبوقه في التعليم الجامعي الأهلي حيث تم أفتتاح عدد غير قليل من تلك الجامعات والكليات الأهليه خاصه في فترة أواخر الثمانيات وأوائل التسعينات من القرن العشرين.
ففي العراق شهد التعليم العالي أفتتاح عدد من الجامعات والكليات الأهليه حتى بلغ عددها ما يزيد عن سبعه عشر جامعه وكليه أهليه خلال فترة خمسه عشر إلى عشرين سنه من أوائل ١٩٨٥ لغايه ٢٠٠٥ .
وكانت الدراسه تشمل أدارة الأعمال،والمحاسبه،ودراسه الحاسبات والكمبيوتر،القانون،المخازن ثم توسعت الكليات الأهليه حتى تم أفتتاح كليه للصيدله أهليه تبعها كليه صيدله ثانيه بعد خمس إلى عشر سنوات من أفتتاح الكليه الأولى للصيدله.
هناك أقسام أخرى تم أفتتاحها في تلك الجامعات والكليات أظافه لما ذكر أعلاه ولكن بقيت هذه الجامعات والكليات الأهليه تقبل الطلبه من الفئات العمريه الشبابيه في حدود العشرينات من عمر الطلبه ولم تفتح أبوابها لفئات عمريه أكبر

كانت القوانين التي تعتمدها تلك الجامعات والكليات الأهليه مطابقه لقوانين وتعليمات وزاره التعليم العالي والبحث العلمي العراقيه.
وهذه الجامعات تأخذ شرعيتها من الوزاره نفسها بعد ان تقدم دراسه موسعه عن المجالات التي سوف تقوم تلك الكليه أو الجامعه بالتدريس فيها والأقسام المنوي أفتتاحها وتوفر الكادر التدريسي والكادر الوضيفي وموقع الكليه أو الجامعه ومخطط للقاعات الدراسيه وبقيه متطلبات الجامعه او الكليه.وكذلك رأس المال وعدد المساهمين في كل جامعه وكليه ومستويات الأساتذه العلميه فيها.دراسه شامله متكامله وعلى ضوئها تنظر وزاره التعليم العالي والبحث العلمي في الطلب وتدرسه من جوانبه المختلفه القانونيه والأداريه وتقرر على ضوء ذلك منح أجازه أفتتاح تلك الجامعه او الكليه الأهليه مع تسميه كل جامعه وكليه وعدد الطلبه المنوي قبولهم في السنه الأولى من الأفتتاح وخطط تطورها في السنوات اللاحقه.
النظم التعليميه في الجامعات والكليات الأهليه هي نفسها في الجامعات الرسميه وهذا ما تشترطه وزاره التعليم العالي والبحث العلمي من ناحيه تحديد المواد الدراسيه لكل قسم وعدد الساعات اللازمه للتخرج،عدد ساعات الدراسه في المرحله الأولى أي السنه الأولى،ثم مواضيع وعدد ساعات كل

موضوع او ماده في السنه الثانيه وهكذا بالنسبه للسنه الثالثه والرابعه لحين تخرج الطلبه.
وفيما أذا كانت الدراسه تحتاج إلى مواضيع عمليه تطبيقيه أم لا.كذلك أذا كانت الدراسه تحتاج إلى بحث في السنه الرابعه أم لا. ووضع خطط التطبيق في دوائر الدوله أو بعض القطاعات الخاصه. أستطاعت هذه الجامعات والكليات الأهليه ان تخرج أعداد كثيره من الطلبه.

القبول في تلك المؤسسات التعليميه يتم عن طريق التقديم المباشر لكل كليه وجامعه حسب رغبه طالب الدراسه.والكليات والجامعات الأهليه هي التي تحدد عدد الطلبه المقبولين فيها على ضوء أمكانياتها الأستيعابيه.وهذه الجامعات والكليات الأهليه معترف بها من قبل وزاره التعليم العالي والبحث العلمي وخريجيها يتقدمون للعمل في الدوائر الحكوميه مثلهم مثل بقيه خريجي الجامعات الرسميه الحكوميه
لم تكن هذه التجربه خاليه من الظواهر السلبيه ومن تلك الظواهر ترى الطلبه يتعاملون مع أساتذتهم بطريقه تجاريه حيث يتصور الطالب أنه بمجرد ان يدفع أجور دراسته هذا كافي بالنسبه له لعدم الأكتراث اوعدم المبالات بالأنظمه والتعليمات الخاصه بكل كليه وجامعه تلك التعليمات الخاصه بالحضور اليومي للمحاظرات والأهتمام بالدراسه والأمتحانات اليوميه أو الشهريه أذا تطلب الأمر.

ليس فقط العراق شهد فتح جامعات وكليات أهليه بل نرى ذلك في دول الشرق الأوسط الأخرى.ففي الأردن وبالتحديد بعد عام ١٩٩١ من القرن العشرين عام حرب الخليج الثانيه حرب الكويت تم أفتتاح سبع كليات وجامعات أهليه في عام واحد.
وكان هناك سبب وراء ذلك حيث شهدت تلك السنه نزوح أعداد كبيره من أساتذه الجامعات العراقيين للأردن كما شهد أيظآ نزوح عدد من رجال الأعمال الفلسطينيين والمستثمرين من الكويت وهؤلاء عمدوا إلى فتح جامعات وكليات أهليه
أيظآ نزح عدد كبير من الطلبه العرب من دول الخليج خاصة من الكويت ولغرض أستيعاب تلك الأعداد من الطلبه الراغبين بالدراسه الجامعيه ولتوفر الكادر العلمي تم أفتتاح تلك الجامعات والكليات الأهليه التي كانت تتقاضى أجور جامعيه عاليه نوعآ ما.
وكان لتلك الخطوه أنعكاساتها الأيجابيه على مجمل الحياة الأقتصاديه في الأردن حيث تطور الأعمار والبناء وتوسعت النهضه الأدبيه والعلميه في الأردن وقد ساهم ذلك في أنظمام عدد كبير من الطلبه إلى تلك الجامعات والكليات الأهليه من هم من مواطني الأردن الذين لم يكن بأمكانهم الألتحاق بالجامعات الأردنيه الرسميه.

وكانت الأختصاصات المتوفره متنوعه في تلك الجامعات والكليات الأهليه حتى أنها شملت الفقه الأسلامي والشريعه والقانون الدولي والمحاسبه والبنوك.أظافه إلى المواضيع العلميه الصرفه مثل الكيمياء والفيزياء وعلوم الأرض وعلوم الحياة وغيرها وظلت الجامعات والكليات الأهليه تتبع نظم وزارة التعليم العالي الأردنيه وتدار تلك الجامعات والكليات من قبل مجلس أداره يتشكل من رؤساء الأقسام ومن الكادر الأكاديمي بكل كليه او جامعه وهذا المجلس يمثل مجلس الجامعه او مجلس الكليه وهذا المجلس مسؤول عن تحديد سياسه كل جامعه وكليه أهليه من الناحيه العلميه والأداريه والفنيه

بقيت الجامعات والكليات الأهليه في البلاد العربيه أسيره النظم والتعليمات والقوانين المعمول بها في تلك الدول والتي تصدر من خلال وزارات التعليم العالي والبحث العلمي ولقد تم الأشاره إلى ان تلك القوانين والتعليمات والنظم كانت سبب في تأخر مسيره التعليم العالي والبحث العلمي لهذا لم تستطع الجامعات والكليات الأهليه ان تلعب أي دور مهم في تطور التعليم العالي في بلدانها.
بل ظلت تراوح في مكانها وتعاني من سلبيات كثيره وكان همها الأول هو تحقيق ربح مادي.

أهم السلبيات هوعدم توفير أمكانيات للطلبه تؤهلهم لرفع مستواهم العلمي فالتدريس متواضع ولم يصل إلى المستوى العالمي الجيد.
كما ان تلك الجامعات والكليات الأهليه كانت ولا تزال تفتقر إلى الأحتكاك والتواصل مع الجامعات العالميه في الدول المتطوره.

بينما نرى في دول الخليج منهج مختلف تماماً ومنهج صحيح حيث عمدت وزارات التعليم العالي في دول الخليج على عقد أتفاقيات مع الجامعات العالميه المرموقه في الدول المتطوره ومن خلال تلك الأتفاقيات تم أفتتاح فروع لتلك الجامعات في دول الخليج العربي تتبع نفس النظم وطرق التدريس في دولها المتقدمه ولديها كل الأمكانيات المتطوره وهذه الفروع تستقبل طلبه دول الخليج العربي في بلدانهم.فهي توفر لهم الجو والظروف البيئيه المحليه.دون حاجه إلى تغرب الطلبه خارج بلدانهم.ولدى هذه الجامعات برامج علميه تعمل على أرسال طلبتها إلى الدول المتقدمه في المنشأ لكي يتم الأحتكاك والتعرف على الدول المتقدمه.وهذا أسلوب جيد وصحيح جداً لكي يحصل التطور العلمي في تلك الدول الخليجيه وفعلاً حققت نجاحات مهمه في هذا المجال

أقامه فروع للجامعات العالميه الجيده في الدول العربيه طريق صحيح ومنهج يجب أعتماده وتطويره أذا ما أرادت الدول العربيه والشرق أوسطيه أن تتطور في مجال التعليم العالي والبحث العلمي والذي سوف ينعكس

بالتأكيد على مرافق الحياة المختلفه في تلك الدول وهذا المنهج أفضل من أسلوب فتح جامعات وكليات أهليه.
ليس هناك أعتراض على فتح مثل هذه الكليات الأهليه ولكن التجربه على الرغم من محدوديتها تحتاج إلى تطور وأهتمام أكبر من قبل مجالس أدارات تلك الجامعات والكليات الأهليه وتحتاج إلى تخطيط سليم ومتابعه دوريه مستمره لمجمل عمل تلك الجامعات والكليات الأهليه من حيث المستوى العلمي للطلبه والكادر التدريسي على السواء ومن حيث المناهج الدراسيه ومفرداتها بما يواكب التطور العالمي وفي هذا الجانب يبرز موضوع الأحتكاك بالجامعات العالميه الراقيه الجيده والقيام بزيارات من قبل أساتذه تلك الجامعات لتقييم المستوى العلمي وتقييم المناهج الدراسيه للجامعات والكليات الأهليه قبل ان تقوم منظمه اليونسكو للعلوم والتكنولوجيا التابعه للأمم المتحده بتقييم أداء تلك الجامعات والكليات الأهليه في أي بلد عربي وشرق أوسطي كان.
كذلك قبل ان تقوم وزاره التعليم العالي والبحث العلمي بتقييم أداء الجامعات والكليات الأهليه التابعه لها هذه مهمه شاقه تستحق المتابعه والتطور المستمر

ليس العبره في أفتتاح أعداد متزايده من الجامعات والكليات الأهليه في الدول العربيه والشرق أوسطيه على الرغم من حاجه تلك الدول للتعليم العالي ولكن العبره أيظاً في مستوى تلك الجامعات والكليات الأهليه من حيث المستوى العلمي والمناهج والمفردات الدراسيه.
وبالمقارنه بين الأعداد المتزايده من أفتتاح تلك الجامعات والكليات الأهليه في مختلف الدول العربيه والشرق أوسطيه مقارنة مع بريطانيا ترى في بريطانيا على الرغم من عراقه الجامعات البريطانيه و توفر الكادر الأكاديمي ولكن هناك جامعه أهليه واحده فقط هي الجامعه المفتوحه وهذه الجامعه نظامها التعليمي المعمول به يسمح لأي طالب علم الألتحاق بهذه الجامعه بغض النظر عن العمر الذي هو محدد في الجامعات والكليات الأهليه في الدول العربيه والشرق أوسطيه. أي شخص مهما كان عمره يستطيع الدراسه في الجامعه المفتوحه في بريطانيا وفي أي مكان كان في المملكه المتحده فلا توجد حاجه للأ لتحاق شخصياً بمقاعد وقاعات الجامعه المفتوحه بل يستطيع الطالب ان يدرس ويتابع المواضيع المطلوبه منه وهو في بيته أو مكان عمله. وهذه هي الغايه المهمه من هذه الجامعه المفتوحه وهو فسح المجال لكل من يرغب بالعلم ويرغب بتطوير مهاراته وتطوير نفسه ورفع أمكانياته العلميه والثقافيه لكي يضيف عامل التحصيل العلمي الجامعي لأمكانياته وبذلك يزيد من فرصه الحصول على عمل وتطوير نفسه.
بذلك فأن المجتمع كله أو أين من كان لديه فرصه وأمكانيه الدراسه والحصول على شهاده جامعيه يستطيع تحقيق ما يرغب.

أذا كان الهدف من فتح الكليات والجامعات الأهليه في الدول العربيه هو فسح المجال للمجتمع ككل للتطور فيجب ان يرفع شرط العمر للأ لتحاق بتلك الجامعات والكليات الأهليه.

جامعه واحده تسمى الجامعه المفتوحه لسكان بلد نفوسه أكثر من ٦٣ مليون نسمه بأظافه لوجود أكثر من ١٠٠ جامعه رسميه في بريطانياهذا شئ مهم جداً

أذن التعليم العالي والبحث العلمي في الدول العربيه والشرق أوسطيه بحاجه إلى مراجعه وبحاجه إلى تخطيط سليم علمي لكي تتمكن تلك البلاد من التطور ومواكبه العالم المتقدم وسد الفجوه الكبيره بينهما.

الجامعات والكليات الأهليه في الدول العربيه بدأت بالأنتشار حديثاً عن طريق مستثمرين عرب كما حصل في الأردن بدايه تسعينات القرن الماضي حيث توافد على الأردن عدد كبير من الفلسطينين الذين كانوا يعيشون في الكويت وهؤلاء لديهم أمكانيات ماديه كبيره فقاموا بأستثمار أموالهم في فتح جامعات وكليات أهليه في الأردن.
بدأت هذه الفكره تستحوذ على تفكير عدد من المستثمرين الخليجيين بمساعدة وتشجيع عدد من الأكاديميين أو الأساتذه أو الأطباء وأطباء الأسنان العرب سواءآ كانوا لبنانين او سوريين أو عراقيين هؤلاء شجعوا المستثمرين الخليجيين على فتح كليات أهليه بعضها يدرس علوم الصيدله وطب الأسنان وبعضها يدرس العلوم الأسلاميه والنظام المصرفي الأسلامي وبعضها يهتم بتدريس وتخريج طلبه في أداره الأعمال وكان الأقبال على هذه الجامعات كبير من قبل طلبه دول الخليج ولاكنها بحاجه لدعم كبير من قبل الجامعات في الدول الأوربيه وغير الأوربيه المتقدمه حتى تستوفي أكمال المستوى العلمي الجيد.

وفي سبيل نجاح هذه الكليات الأهليه يجب ان تتحرك بشكل مستقل عن النظم والتعليمات الخاصه بوزارات التعليم العالي في بلدانها لأن أحياناً تكون هذه التعليمات والقوانين عائقاً في سبيل تطوير الكليات الأهليه.وأيظاً هذه الكليات الأهليه يجب ان يكون جزء من رأس مالها ممول من قبل الدوله القائمه فيها قد تكون نسبه المساهمه ٢٠-٣٠% من رأس المال الكلي هذا يعطي تلك الكليات الأهليه دعماً قوياً ويجنبها التعرض إلى هزات ماليه قد تؤثر على مستقبل الكليه الأهليه وبتالي على مستقبل الطلبه الدارسين والكادر العلمي

الأستثمار في مجال التعليم العالي عن طريق فتح جامعات او كليات أهليه في الدول العربيه والشرق أوسطيه حاله مطلوبه وضروريه حيث عن طريقها

يجب ان يتم أستقطاب عقول عالميه مرموقه. هذا الكادر الأكاديمي العلمي يجب ان يوضب لمعالجه مختلف جوانب الحياة في هذه البلاد.

كلنا يعلم ومن خلال الدراسات والتحاليل العلميه ان جوانب الحياة المختلفه في بلاد الشرق الأوسط بحاجه إلى وضعها في الطريق الصحيح طريق التطور ومواكبه الركب العالمي المتقدم وعن طريق فتح هذه الجامعات والكليات الأهليه يجب ان يتحقق ذلك من خلال مشاركه هذه العقول بشكل فعال في معالجه مختلف جوانب الحياة الأقتصاديه منها والماليه والأستثمارات والطاقه ومجال الخدمات العامه لمواطني تلك الدول والمجالات الصحيه وتوفير خدمات الصحه وأستغلال الطاقه الشمسيه بشكل صحيح وأيجاد بدائل للطاقه أظافه للطاقه الشمسيه مثل أظافه محطات طاقه نوويه لتوفير الطاقه مستقبلاً والأستفاده من النفط والغاز في تلك البلدان في جوانب أقتصاديه وبنى تحتيه وأنشاء صناعات متطوره ليست صناعات غذائيه فقط او صناعات ورقيه بسيطه وأنما أيظاً أدخال صناعات ثقيله متطوره.
كل هذه الأمور ممكن ان تتحقق من خلال مساهمه الجامعات والكليات الأهليه ولكن يجب ان لا ننسى توفير عامل الأسقرار السياسي لتلك البلدان وتشريع قوانين وأدخال تسهيلات للعاملين في المجال الأكاديمي الخاص بالتعليم العالي وكذلك شمول حمله الدراسات العليا الماجستر والدكتوراه العاملين في مجالات أخرى غير مجال التعليم العالي والبحث العلمي في تلك الأمتيازات

بالطبع أدخال الكادر الأكاديمي العالمي والأساتذه في الجامعات الأهليه ليس بالأمر السهل أذ لا بد ان يكون الوضع مغري لهذه الشريحه لكي يتم أستقطابها وتشجيعها للمجيئ إلى بلدان الشرق الأوسط.
فأذا كان حياتها في خطر مثلاً نتيجه عدم الأستقرار السياسي والأمني فأنها بالتأكيد سوف تعزف عن القدوم إلى بلدان الشرق الأوسط ولكن أذا نظرنا إلى دول الخليج العربيه وإلى دوله الأمارات العربيه المتحده وقطر وهما من دول الخليج نرى ان تلك الدولتان أستطاعتى أستقطاب الأجانب للعمل فيهما في مختلف المجالات لا بل نرى الأجانب يتزاحمون في سبيل الحصول على فرصه عمل هناك لأن المردود المالي ممتاز والحياة العامه مريحه ويتمتع الأجانب بحريه كامله في كل شئ مع وجود مناخ حراري مشمس نراهم يندفعون في سبيل الوصول إلى دول الخليج فيجب الأستفاده من تطبيق هذه المعادله في دول أخرى من دول الشرق الأوسط مع الأقرار بوجود صعوبات أيظاً في طريق نشر هذه التجربه لأسباب منها ان ليس كل دول الشرق الأوسط لديها أمكانيات ماديه هائله مثل دوله الأمارات العربيه المتحده وقطر وبقيه دول الخليج السعوديه مثلاً والكويت

ليست الأمكانيات الماديه وحدها تلعب الدور المهم بل الأمكانيات البشريه والتفكير الستراتيجي الصحيح والقوانيين المعمول بها في دول الشرق الأوسط كلها عوامل مهمه تدفع في أتجاه تطبيق تجربه دبي والدوحه.

ولأجل توضيح الصوره أكثر نرى في الولايات المتحده الأمريكيه أعداد كبيره جداً من الجامعات الأهليه كلها تدار بشكل مستقل كلياً الواحده عن الأخرى وتختلف النظم في كل منها من ولايه لأخرى حسب ضروف ومتطلبات وحاجه كل ولايه أمريكيه ولكن جميعها لعبت وتلعب دوراً هائلاً في مجال التطور العلمي في كافه المجالات فعقليه الأختراعات العلميه المتطوره موجوده دائماً وهذه الأختراعات أغلبها تأتي عن طريق الجامعات والمؤسسات التعليميه التي غالباً ما تدار بشكل نسميه أهلي.
توضف كل جامعه وكليه ملايين الدولارات في سبيل البحث والدراسه وتخريج طلبه أكفاء يساهمون في الأختراعات المختلفه.
طبعاً بالتأكيد دول الشرق الأوسط تطمح ان تصل إلى درجه من الرقي والتطور مثل ما وصلت أليه الولايات المتحده الأمريكيه التي هي أكبر أقتصاد عالمي في الوقت الحالي وهي كذلك منذ ما يقارب قرن كامل من الأن ودول الشرق الأوسط لا يمكن ان تصل إلى مستوى من التطور العلمي كما هو الحال في أمريكا بين ليله وظحاها بتأكيد يحتاج ذلك الأمر إلى فتره زمنيه طويله.
وكما هو معروف فأن أمريكا متقدمه عن أوربا مقدار تقدم أوربا عن الشرق الأوسط.هذا يعطي فكره عن مقدار العمل المطلوب من دول الشرق الأوسط والعربيه خاصه في سبيل مواكبه التطور العالمي.

والأن دخلت الصين على الخط بأمكانياتها البشريه الهائله وأقتصادها المتطور يوماً بعد يوم والنمو الأقتصادي الهائل للصين سنوياً الذي فاق النمو الأقتصادي للدول الأوربيه وأمريكا خلال الأزمه الماليه العالميه التي بدأت نهايه عام ٢٠٠٨ الصين بكل أمكانياتها أخذت ترسل أبنائها على شكل موجات إلى أوربا وأمريكا في سبيل الحصول على الشهادات العليا الماجستير والدكتوراه لكي يعود أبنائها ويشغل مراكز مختلفه في الصين.فالصين بعدما كان مغلقه على نفسها لمده تزيد عن أربعين عام ثبتت أركان الأقتصاد فيها وطورت الزراعه وأنشأت بنى تحتيه سليمه أنطلقت عالمياً خلال العشرين سنه الأخيره إلى مختلف دول العالم في أفريقيا أستثماراتها تقريباً الأولى عالمياً وفي أمريكا نفسها مختلف الصناعات والمواد الأستهلاكيه تراها صنعت في الصين.
وهذا بسبب الأيدي العامله الرخيصه هناك ،فأمريكا تصمم وتخترع في جامعاتها وترسل تلك الأختراعات وتنشأ مصانع في الصين في سبيل تصنيعها ويعاد تصديرها إلى أمريكا وإلى كافه دول العالم الأوربيه وغير الأوربيه.

هذا هو التعليم العالي وهذه هي دور الجامعات والكليات والمؤسسات البحثيه.التفكير يجب ان يكون سليم والتخطيط يجب ان يكون سليم أيظآ مع توفير الأمكانيات الأزمه للنجاح

الفصل الحادي عشر
Chapter Eleven

التعليم الجامعي المسائي ما هو الهدف ورائه
Evening Higher education what Aims behind its?

التعليم المسائي
تجربه التعليم الجامعي المسائي محدوده جداً في دول الشرق الأوسط خاصه الدول العربيه وهي في الغالب أقتصرت على دولتين فقط من الدول العربيه في بدايتها هما مصر والعراق.
والسبب في ذلك يعود إلى عدم توفر الكادر الجامعي اللازم للقيام بهذه المهمه أولاً وثانياً حاجه التعليم الجامعي إلى أمكانيات مستقله وتمويل مالي كبير وهذا غير متوفر على نطاق واسع في كافه الدول العربيه وبعد ذلك يأتي عامل الأستقرار السياسي في دول الشرق الأوسط والدول العربيه خاصه ما يتعلق الأمر بالقضيه الفلسطينيه وأدعاء معظم الدول العربيه بأن القضيه الفلسطينيه هي قضيتها الأولى وأدعاء أنشغالها بالتحضير لتحرير فلسطين كما تدعي تلك الدول.

إلى ان أرتفعت الأصوات المثقفه والأصوات الأكاديميه تطالب بالتعليم الجامعي المسائي كذلك مطالبه شرائح أجتماعيه متعدده بالسماح لها بمواصله تعليمها الجامعي مساءاً لعدم توفر فرصه أكمال دراستها الجامعيه سابقاً أما لعدم حصولها على المعدل الثانوي الذي يؤهلها لدخول الجامعه في الدراسه الصباحيه وأكمال دراستها أو بسبب الظروف الأجتماعيه لشريحه واسعه من المجتمع تلك الظروف التي أضطرتها للبحث عن وضيفه عمل مناسبه حسب الشهاده الثانويه الحاصلين عليها أو أنصراف مجموعات أجتماعيه واسعه للعمل في القطاع الخاص والتي جعلها تبتعد عن مواصله تعليمها الجامعي أو وهذه مجموعه كبيره أيظاً من المجتمع تطوعت في جيش بلادها وأجهزه الشرطه والأمن وهذا التطوع أبعدها عن مواصله دراستها الجامعيه الصباحيه وكان حلمها الحصول على شهاده جامعيه تستطيع من خلالها تحسين مستواها الوظيفي والأجتماعي.
لكل هذه الأسباب فكرت الجهات التعليميه في تلك الدول بفتح تعليم جامعي مسائي ويكون بأجور تكاد تكون رمزيه وفي تلك الدراسه الجامعيه المسائيه يفتح المجال للدراسه لكل من يرغب بالتحصيل الجامعي دون وضع شرط العمر أساساً للقبول في تلك الدراسه وكذلك دون شرط الحضور المستمر للمحاظرات وهذا يفسح المجال للعسكرين وضباط الشرطه وبقيه صنوف الدفاع المدني للألتحاق بتلك الدراسه ومواصله تحصيلهم الجامعي وكان أول الأختصاصات المفتوحه هي دراسه القانون بكل فروعه للحصول على ما

يؤهل المتخرج العمل في مجال المحاماة والقضاء ثم جاءت الأختصاصات الأخرى لكي يستطيع حامل شهادتها العمل في مجال التعليم الثانوي والأبتدائي ثم المجالات الأخرى دخلت في التنفيذ وفتحت دراسات للأداره العامه والصيرفه والمحاسبه والفقه الأسلامي والتراث والأعلام لتخريج صحفيين ورجال أعلام ثم فتحت دراسات في فن التمثيل والموسيقى والسينما والمسرح

وقد أقبل على الدراسه الجامعيه المسائيه أعداد كبيره جداً من الراغبين فيها وبذلك توسعت شرائح المجتمع المثقفه والمتعلمه.
كانت نهضه علميه ثقافيه متطوره بحق بحيث أصبح أمر توسيع الدراسات فيها ضروري جداً ليشمل كل الأختصاصات المهمه كذلك أصبح أمراً مطلوباً وملحاً عملت جهات التعليم العالي في تلك الدول على توفير المستلزمات اللازمه للقيام بتوسيع تلك الدراسات.

في بدايه تجربه التعليم الجامعي المسائي كانت الجامعات الصباحيه الرسميه تستوعب معظم خريجي الثانويات العامه عدى القليل الذي يسلك مسلك أخر غير الدراسه الجامعيه وكانت البدايه في منتصف ستينات القرن الماضي العشرين في العراق.ولكن التعليم الجامعي المسائي في بدايه القرن الواحد والعشرين أصبح يستقطب أعداد كبيره جداً من الطلبه الشباب الذين لم تتوفر لهم فرصه القبول في الجامعات الرسميه لضعف معدلاتهم في الثانويه.
وهذا كان نتيجه زيادة مطرده في عدد خريجي الثانويات العامه والمنافسه الشديده بين الطلبه في مرحله الدراسه الثانويه للحصول على معدلات عاليه وضمان حصولهم على مقاعد في الجامعات الرسميه الصباحيه وهذه المنافسه ولدت عامل الأستعانه بمدرسي الثانويه العامه للتدريس الخصوصي.

ظاهره المدرس الخصوصي لطلبه الثانويات العامه ظهرت في سنين الثمانينيات من القرن العشرين وما بعد الثمانينيات أنتشرت وتوسعت بشكل كبير جداً.
قبل فتره الثمانينيات كان الطلبه يعتمدون على معاهد منتشره في دولهم وهذه المعاهد تدرس مواضيع الثانويه العامه في سبيل تقويه مستوياتهم وتوجيههم بالأتجاه الذي يساعدهم على الحصول على معدلات جيده.

الزياده السكانيه المطرده في تلك الدول مع تقدير دور الشهاده الجامعيه في تحسين المستوى الأجتماعي والمالي للشخص الحاصل عليها أظافه لعوامل أخرى جعل شرائح واسعه من المجتمع تهتم وتدفع بأبنائها لتكمله دراستهم الثانويه ثم الجامعيه متحمله تلك الشرائح أعباء الدعم المالي للأبنائها حتى يتم أكمال دراستهم وتخرجهم من الجامعه الرسميه الصباحيه ثم بعد ذلك أخذت تدفعهم للدراسه الجامعيه المسائيه متحمله أيظاً دعمهم المالي والمعنوي وهؤلاء الطلبه الذين يدرسون دراسه جامعيه مسائيه أغلبهم لا يرتبط بأي

عمل وأنما يكون متفرغ للدراسه الجامعيه المسائيه وهذه ولدت أعباء ماليه وأجتماعيه كبيره لعدد واسع من الأسر حتى أصبح طالب الدراسه الجامعيه صباحاً ومساءاً يبلغ من العمر ما فوق العشرين أو حتى خمسه وعشرين سنه من عمره وهو مستهلك من أسرته ويحتاج إلى دعم مالي وسكني وكل أشكال الدعم المطلوب في الحياة اليوميه منها توفير الكتب للدراسه ومصروفات ماليه للتنقل والملابس وما إلى ذلك

هذه الحاله لا تجدها في الدول الأوبيه وبقيه دول العالم من أمريكا وكندا وأستراليا إلى الصين واليابان وجنوب شرق أسيا وأفريقا.
في الدول الأوربيه ترى الشخص ذكر أو أنثى يعتمد على نفسه وهو في عمر صغير خمسه عشر سنه أو أقل. ترى هذه الأعمار في الغالب تترك أسرها لكي تعمل وتعتمد على نفسها في توفير متطلبات الحياة وقسم كبير جداً بالملايين يصلون إلى مستويات متقدمه وينجحون في حياتهم العمليه ومنهم من يصل إلى مراكز أجتماعيه مهمه ويحقق طموحات كبيره ويجمع ثروه مهمه
ويؤسس شركات ومؤسسات تصل إلى العالميه في مجاله.

فالشهاده في الدول الأوربيه ليست كل شئ ويستطيع المرء الوصول إلى درجه النجاح والتوفيق وهو في عمر صغير حتى يصل إلى عمر خمسه وعشرين عام أو أكثر بقليل تراه حقق كل شئ تقريباً في حياته على عكس ما يحصل في الدول العربيه حتى في عمر خمسه وعشرين أو أكثر لا يزال الشخص مستهلك ويعتمد على أسرته أذا كان ذكر أما أذا كان أنثى فالوضع يبقى كذلك لحين أرتباطها بالزواج

صحيح أن وضع ترك الأسره هو تفكك للروابط الأسريه في المنظور الشرقي ولكن الواقع والحقيقه ليست كذلك فالروابط الأسريه تبقى متلازمه لشرائح مهمه في المجتمع الغربي وترى الأبناء يبقون على أتصال بذويهم وأقاربهم من الدرجه الأولى وأبعد من ذلك أحياناً ولكن بالمقابل هناك شرائح أجتماعيه أخرى تفقد هذه الروابط الأسريه خاصة أذا أنفصل الأباء عن بعضهما فترى في الغالب الأبناء يبقون على علاقتهم قويه مع الأم أذا تولت الأم تربيتهم وأبتعد الأب عنهم وقررت الأم الارتباط بشخص أخر ستتب فاذر يبقى قريب من أبناء الأم لحين مغادرتهم الأسره مع ذلك تبقى علاقتهم بالأم أو العكس أي تبقى علاقتهم بالأب قويه.

الدراسه الجامعيه المسائيه توفر الفرصه لأولئك الذين يقررون ترك الدراسه وهم في أعمار صغيره والذهاب لأتخاذ مجالات أخرى في العمل.

فالدراسه الجامعيه المسائيه رغم تسميتها بالجامعيه في الدول الغربيه إلا انها لا تعنى ذلك اي لا تعني المستوى من التعليم بعد مرحله الثانويه العامه البكلوريا.
حيث في معظم الدول الغربيه الدراسه الجامعيه المسائيه فيها تشمل كافه مجالات الدراسه للحصول على شهادات أو خبره ومهنه معينه يقرر الشخص الألتحاق بها.
فهي تشمل أسس تعليم الحاسبات الرياضيه الضروريه للفهم وممارسه الحياة العمليه وصعوداً عن ذلك وكذلك تشمل تعلم مهن مثل الهندسه والكهربائيات والنجاره وتصميم الملابس وفن الطبخ والرسم والنحت والسيراميك وكل الأنواع والمهن التي تخطر على بال الشخص الذي يريد ان يتخذ مهنه معينه له ويستخدمها كوسيله لممارسه مهنته المفضله كل هذه الدراسات توفرها الدراسه المسائيه الجامعيه

ليس هناك في الدول العربيه والشرق أوسطيه دراسات مسائيه بهذا الشمول والأتساع فمن المهم والضروري توسيع الدراسات الجامعيه المسائيه وأذا أردنا ان نشمل المهن بأنواعها فمن الممكن ان تتم الدراسات المسائيه في الثانويات الصناعيه والتجاريه والزراعيه تلك الثانويات التي تدرس كل أنواع هذه الأختصاصات ويفسح المجال فيها لقبول الراغبين بتطوير مهنهم ضمن الأسس العلميه إظافه إلى خبرتهم العمليه من خلال ممارسه عملهم في أي مجال هم أختاروه.
وبعد حصول الشخص الملتحق بالدراسات المسائيه الثانويه على الشهاده ممكن فسح المجال للألتحاق بالدراسه المسائيه الجامعيه على مستوى الجامعه لكي يكمل دراسته في المجال الذي أختاره هو

الدراسه المسائيه في الثانويات الصناعيه والزراعيه والتجاريه في الدول العربيه والشرق أوسطيه موجوده فعلاً ولكن لا يلتحق بتلك الدراسات إلا الطلبه حاملي الشهاده المتوسطه أو ما يسمى في بعض الدول العربيه بالشهاده الأعداديه وهنا هي نقطه الخلل حيث يجب فتح المجال بشكل أوسع بحيث يشمل أصحاب المهن والحرف المختلفه وبغض النظر عن العمر والجنس وهناك أشكال في هذا المجال أي السماح لشرائح أصحاب المهن بالتحاق بالثانويات المهنيه والأشكال هو يكمن في ان هؤلاء أميين أي لا يعرفون القراءه والكتابه فكيف يتم ألتحاقهم بالثانويات المهنيه وهم أميين؟
في الدول الأوربيه لا توجد هذه المشكله حيث ان اللغه الأنكليزيه مثلاً معروفه لكل الطلبه ولا توجد أميه بل يوجد ضعف أو عدم فهم بقواعد اللغه الأنكليزيه والسبب لأن قواعد اللغه الأنكليزيه لا تدرس في المدارس الأبتدائيه أو المتوسطه وكذلك هناك ضعف بالرياضيات والحساب فالشخص الملتحق بالدراسه المسائيه عليه ان يطور نفسه في الرياضيات والحساب مع دراسه المهن التكنولوجيه التي يرغب فيها.

نسبه الأميه مرتفعه جداً في الدول العربيه والشرق أوسطيه وتصل إلى نسبه كبيره من مجموع السكان وهي تختلف من بلد لأخر ولكن في جميع الدول نسبه الأميه مخيفه بعض الأحيان.
لذلك علينا ان نرجع ونعالج هذه المشكله ونستمر صعوداً وحسب ضروف كل بلد والأمكانيات المتوفره فيه وعلى ضوء دراسه كل الضروف يتم فتح دراسات مسائيه جامعيه

أذا كان الهدف الرئيسي من وراء الدراسات الجامعيه المسائيه هو أستيعاب الأعداد المتزاياده من خريجي الثانويات العامه والذين لم تسنح الفرصه للألتحاقهم بالدراسات الجامعيه الصباحيه الرسميه فيجب والحاله هذه رفع مستوى التعليم المسائي ودفعه إلى مستويات متقاربه بالدراسه الجامعيه الصباحيه حيث ان الدراسات تشير إلى ان المستوى العلمي والمستوى التدريسي في الدراسه المسائيه أقل من الدراسه الصباحيه كما ان ألتزام الطلبه بالدوام والمتابعه والدراسه أضعف من الدراسه الصباحيه.
ليس من الصحيح تخريج أعداد كبيره من حمله الشهادات الجامعيه والمستوى العلمي لهم ضعيف،وليس من الصحيح أيظاً ان يضل هؤلاء الخريجين بدون فرصه عمل تكفل لهم حياة مشرفه فتوسيع فتح كليات وجامعات مسائيه يجب ان يكون مدروس ومخطط له بشكل جيد جداً.
ما نراه ونلمسه الأن في الواقع يشير عكس ذلك فيجب أعاده النظر بالدراسه الجامعيه المسائيه في الدول العربيه والشرق أوسطيه مع ملاحظه ان الكادر التدريسي الذي يقوم بالتدريس في الدراسات المسائيه هو نفسه الذي يقوم بالتدريس في الدراسات الجامعيه الصباحيه بالنسبه للجامعات الرسميه الحكوميه.

أما الجامعات والكليات الأهليه المسائيه فكادرها يختلف ومستوياتهم العلميه مختلفه رغم ان أغلبهم له خبره ودراسه طويله وعمل في الجامعات الرسميه.
مطلوب دراسه علميه تشخص أسباب الضعف والوسائل الكفيله برفع المستوى العلمي في الدراسه الجامعيه المسائيه

يجب ان يكون هدف التعليم الجامعي المسائي ضمن أهداف التعليم العالي داعم لتلك الأهداف ومحقق لطموحات التعليم العالي مثله مثل الجامعات الرسميه الصباحيه ويجب ان تكون أهداف التعليم الجامعي المسائي واضحه ومبرمجه والعمل فيها يلبي طموحات الطلبه الملتحقين بالدراسه فيها.

من الأمور التي تشخص ان التعليم الجامعي المسائي ضعيف هي نسبه تنفيذ المناهج الدراسيه فيها حيث بلغت نسبه تنفيذ المناهج الدراسيه في أحسن الأحوال ٣٠-٤٠% ولا تتجاوز هذه النسبه.

كما ان الكليات العلميه التي يتطلب المنهاج الدراسي دروس عمليه مختبريه فأن هناك ضعف واضح في المنهاج العملي التطبيقي من حيث عدد التجارب العمليه المطلوب تنفيذها وأذا تم أحصاء نسبتها فأن تلك النسبه متدنيه أيظاً أظافه إلى نقص واضح في المستلزمات والمواد اللازمه لأجراء التجارب العلميه مما يجعل الطالب لا يستفاد بشكل جيد من الدروس العمليه التي وضعت أساساً لدعم التدريس النظري للمناهج الدراسيه.
ومن المؤشرات الأخرى لضعف التدريس الجامعي المسائي هو ضعف وسائل الأيضاح للطلبه فالتدريس هنا هو مجرد نظري أنشائي خالي من وسائل أيضاح مثل السلايدات وشاشات العرض والأفلام تلك الأمور التي تدعم التدريس وترسخ الفكره في ذهن الطالب.أذا ما توفرت مثل هذه الوسائل فنراها ناقصه وغير مفيده أو في أحسن الأحوال تكون ضعيفه وغيركافيه من الناحيه العمليه.

بدلآ عن عدم توفير وسائل لأيضاح نرى أستاذ الماده يقدم ملزمه هو يعدها للطلبه ويطلب منهم تحضير المواضيع الدراسيه منها والأستاذ في الغالب يقوم بشرح المواضيع الدراسيه ولكن بشكل مختصر جداً على أعتبار ان االملزمه توفر ما مطلوب من المنهج الدراسي وهذا أسلوب ضعيف وغير علمي وغير صحيح في التدريس الجامعي المتطور.
أعتماد الطالب كلياً على ذلك يضعف فيه قابليه الأبداع والبحث والأعتماد على نفسه في التقات النقاط المهمه في المواضيع الدراسيه.
كما ان غياب البحث والدراسه والمناقشه في المواضيع المنهجيه هي صفات عامه تمارس في الجامعات والكليات المسائيه وهي مؤشرات على ضعف هذه الكليات والجامعات علمياً النتيجه هي خريجين تقتصر فيهم روح البحث والمنهجيه والأعتماد على النفس في أيجاد حلول لي أي موضوع يواجههم في حياتهم العمليه المستقبليه

مسائيه سواءآ كانت رسميه تابعه للدوله أو أهليه تابعه للقطاع الخاص ان فتح كليات يجب ان يكون على أسس
رصينه والأهتمام بهاعلى درجه كبيره من الأهميه ويجب لأخذ بالأعتبار كل المواضيع التي طرحت في هذا الكتاب لضمان نجاح هذه التجربه أيظاً لضمان تطوير التعليم العالي ككل في الدول العربيه والشرق أوسطيه لأن كل تلك الأمور موجوده بشكل او بأخر وتختلف نسبتها من بلد لأخر وأيظاً تختلف بعضها عن الأخر من دوله لأخرى أي قد تكون بعض عوامل ضعف الجامعات والكليات المسائيه موجوده في بلد معين ولكن في بلد أخر توجد عوامل أخرى هي السبب بشكل مباشر أو غير مباشرفي ضعف التعليم الجامعي المسائي فيها.

الضمان الوحيد لنجاح التعليم الجامعي المسائي وتحقيق الأهداف الخاصه من أنشاءه هو الكادر العلمي التدريسي الذي سوف يأخذ على عاتقه تطبيق المناهج الدراسيه وعامل أخر مهم هو مجلس الأداره أومجلس الكليه او الجامعه المسائيه فيجب قبل منح أجازة فتح الكليه أو الجامعه المسائيه يجب ان يتم التحقيق بشكل جيد جداّ في السيره الذاتيه لكل فرد من أفراد مجلس الكليه او الجامعه أو الهيئه المؤسسه للكليه او الجامعه المسائيه وهذه السيره الذاتيه لكل شخص منهم يجب ان تتضمن مستوى عالي جداّ من الأمكانيه العلميه والأكاديميه ويكون كل شخص ذو خبره وتجربه في مجال التعليم العالي ومن الأشخاص الممارسين للتعليم العالي بعيداّ عن الأمور الماديه. أذاّ العمل التجاري البحت لا يفي بالغرض المرجو من فتح الكليه او الجامعه المسائيه اذا كان مقدمي الطلب من الأثرياء وذوي الأمكانيات الماديه العاليه او الذين ينون أستثمار أموالهم في مجال التعليم العالي.

أذا كانت الدوله تسمح بفتح كليات وجامعات مسائيه أهليه يديرها القطاع الخاص فيجب والحاله هذه البحث في السيره الذاتيه للكادر الأكاديمي الذي سوف يقوم بالعمل التدريسي وأداره الكليه او الجامعه ومن الواجب أبعاد المستثمرين في المشروع عن التدخل في الأمور العلميه والأداريه وهذا بند او فقره يجب ان يتضمنه النظام الداخلي للكليه اوالجامعه المسائيه مع الأخذ بالأعتبار الألتزام بهذه الفقره وان لا تكون مجرد حبر على ورق ومن وراءه يعمل المستثمرين وأصحاب روؤس الأموال المشاركه في الكليه او الجامعه على التدخل في أداره شؤون تلك المؤسسه للتعليم العالي لأن تدخلهم سوف يضعف تلك المؤسسه بالتأكيد
حتى في الكليات اوالجامعات المسائيه الرسميه التابعه للدول العربيه يجب التدقيق في السيره الذاتيه للكادر الأكاديمي أبتداً من عميد الكليه أو رئيس الجامعه المسائيه إلى موظفي الأداره والشؤون الماليه وشؤون الطلبه والأسكان واللجان المختلفه في الكليه او الجامعه المسائيه لأن كل ذلك ضمان لتحقيق الأهداف المرجوه من فتح الكليات والجامعات المسائيه تلك الأهداف التي أهمها هو تطوير التعليم الجامعي المسائي في الدول العربيه والشرق أوسطيه وتخريج طلبه يكون على عاتقهم مسؤوليه تطوير بلدهم في المستقبل ذلك الهدف يبدأ تحقيقه أذا كان نوع الخريجين الجامعين على مستوى عالي من التطور العلمي والبحثي أثناء دراستهم الجامعيه.

من الملاحظ ان الأجور الجامعيه في الكليات المسائيه بلغت أرقام تكاد تكون خياليه من حيث الأرتفاع وهي أن لم تكن توازي الأجور الجامعيه في الدول المتقدمه فهي أحياناّ تزيد عنها وهذا غير ممكن اذا أخذنا بنظر الأعتبار المستوى المعاشي للفرد في الدول العربيه والشرق أوسطيه مقارنه مع المستوى المعاشي للفرد في الدول الأوربيه المتقدمه أوغير الأوربيه.

المستوى المعاشي،ودخل الفرد الشهري، ومستوى الخدمات المقدمه، والمستوى الصحي،كل هذه العوامل تدخل في الأعتبار ،فأذا كانت الأجورعاليه في الدول العربيه والشرق أوسطيه وهي بمستوى الدول المتقدمه عالمياَ شرقيه كانت أم غربيه فمن الأولى ان يكون المستوى العلمي لخريجي الكليات والجامعات المسائيه بنفس مستوى خريجى الجامعات الراقيه في الدول المتقدمه عالمياَ
في الدول الأوربيه المتقدمه وأمريكا وبقيه دول العالم المتقدمه الجامعات الرسميه ليست فيها دراسات مسائيه جامعيه.ليس هناك دراسات جامعيه مسائيه بالمعنى الجامعي او التعريف بالدراسه الجامعيه فليس هناك دراسه مسائيه في جامعه أكسفورد أو هارفورد أو جامعه سدني أو جامعه موسكو.بينما نرى هناك دراسات جامعيه مسائيه في بعض الدول العربيه والشرق أوسطيه.

الموجود في العالم الغربي وبقيه دول العالم المتقدمه هو دراسه مسائيه في جميع الأختصاصات تقريباَ في معاهد تسمى كليه كولج هي في الواقع ليست كليه كما يفهمها المتعلم في الدول العربيه والشرق أوسطيه أي دراسه في كليات بعد الحصول على الثانويه العامه البكلوريا أو ما يعادل ال أي لفل في بريطانيا مثلاَ A level

المعاهد التي تدرس كل الأختصاصات في دراسه مسائيه الملتحق فيها من طلبه ليسوا حاصلين على شهاده ال أي لفل أو ما يعادل الثانويه العامه البكلوريا في الدول العربيه والشرق أوسطيه بل حاصل على شهاده متوسطه جي سي أس أي أو ليست لديه شهاده أو مستوى تعليمي معين بينما الملتحقين بالدراسه الجامعيه المسائيه في الدول العربيه والشرق أوسطيه يجب ان يكونوا حاصلين على الشهاده الثانويه العامه البكلوريا أو مستوى ال أي لفل.

الجامعه المفتوحه ، الأوبن يونيفرستي ، في بريطانيا Open University مثلاَ تسمح لكل شخص يرغب بالدراسه الجامعيه بالألتحاق بها ويكون هؤلاء الملتحقين من الحاصلين على الشهاده الثانويه العامه أو أقل من الشهاده الثانويه العامه أي أقل من ال أي لفل يمكن ان يلتحقوا بالدراسه فيها وهدف الجامعه المفتوحه معلوم ومفهوم هو تطوير وتثقيف الملتحقين بها ورفع مستواهم العلمي ومنحهم شهادات لتطوير فرص عملهم وهي تستوعب كل من يرغب بالألتحاق بها مهما كانت فئته العمريه وفي أي مكان يعيش في المملكه المتحده.

في الدول العربيه والشرق أوسطيه الدراسه الجامعيه المسائيه محدوده في عدد قليل من جامعات ذلك البلد وعاده محصوره في المدن الكبيره مثل العواصم العربيه ودول الشرق الأوسط أما بقيه محافظات أي بلد فقد يكون

فيها جامعات أو كليات ولكن ليس فيها دراسه جامعيه مسائيه وهذا يحدده عدة عوامل مثل توفر الكادر التدريسي والأبنيه اللازمه للجامعات أو الكليات في سبيل تحقيق عملها وتوفر طرق المواصلات وسكن الطلبه وطبيعه كل محافظه من حيث عدد السكان وظروف المعيشه والثقافات الخاصه بكل بلد ومحافظه.

تجربه ربع قرن من العمل في التعليم الجامعي والأطلاع على سير التدريسات والخريجيين الجامعيين ونوعيتهم ولدت قناعات معينه يجب ان تصب في وضع خطط ودراسات لتطوير التعليم العالي الجامعي في الوطن العربي وتطوير التعليم العالي والبحث العلمي أيظاً

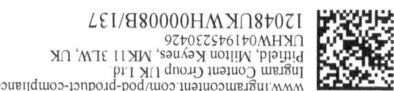

www.ingramcontent.com/pod-product-compliance
Ingram Content Group UK Ltd.
Pitfield, Milton Keynes, MK11 3LW, UK
UKHW041945230426
12048UKWH00008B/137

9 781785 078835